KB001101

왜 일하는가

왜 일하는가

지금 당신이 가장 뜨겁게 물어야 할 첫 번째 질문

이나모리 가즈오 | 김윤경 옮김

차가운 밤공기를 마시며
회사 건물을 빠져나갈 때면
간신히 붙잡고 있던 마음속 둑이
한꺼번에 무너지는 기분이 들었다.

내 것이 아니고,
앞으로도 내 것이 아닐
이름 없는 일들에 휩싸여
오늘도 수없이 나를 지우고 또 지웠다.

그저 하루를 최선을 다해 살아냈을 뿐인데

어쩌다 내 삶은

밑 빠진 독처럼 텅 비어버린 걸까.

하지만 나는 안다.

다음 날 피곤한 몸을 간신히 일으키고 나면

내 삶은 다시 0으로 돌아갈 것이고,

언제 끝날지 모를 일터가

두 눈을 뜬 채 기다리고 있다는 사실을.

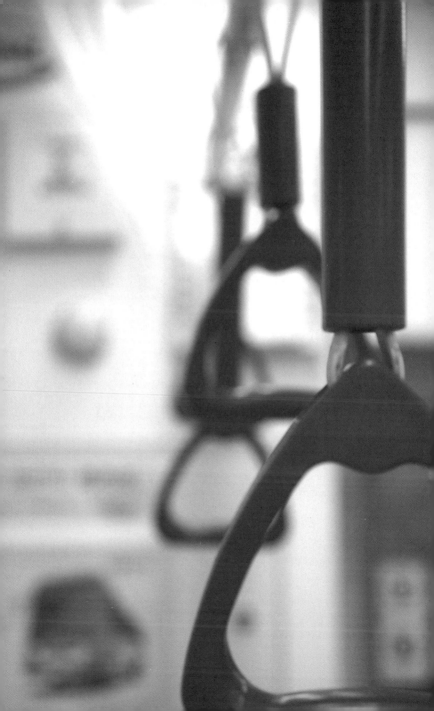

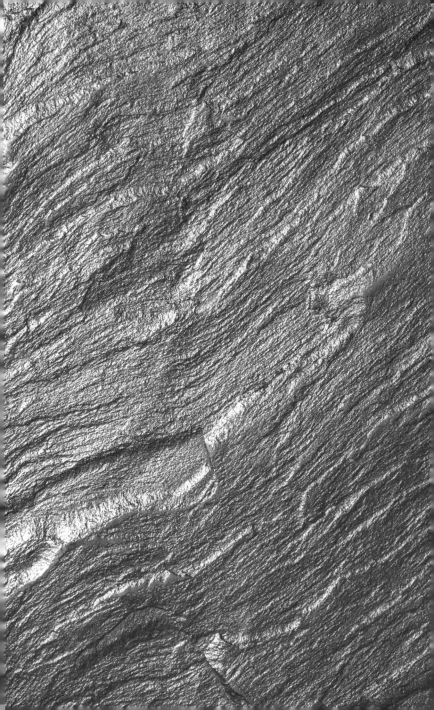

60여 년 전.

부도 직전의 지방 중소기업에 입사한

한 청년도 똑같은 고민에 휩싸였다.

'앞으로 내 삶은 어떻게 될까?'

'내가 걷는 이 길이 정말 맞는 걸까?'

'5년 후, 아니 1년 후에도 나는 이 일을 하고 있을까?'

시간이 흘러 아흔의 노경영자가 된 그는
그때를 돌아보며 오늘을 살아가는 청년들에게
이렇게 묻는다.

"왜 그 일을 하는가?
그 일을 통해 당신은 무엇이 되길 꿈꾸는가?
끌려다녀서는 아무것도 제대로 할 수 없다.

일도, 그리고 인생도."

어쩌면 우리는 이 질문을
너무 늦게 만난 것은 아닐까?
일을 하는 사람이라면
누구나 한 번은 이 질문에 답해야 한다.

왜 일하는가?

그 일을 통해 당신은 무엇이 되길 꿈꾸는가?

프롤로그 ─────────────────────────────────────

●

진정으로 가치 있는
인생을 살아가기 위하여

●

우리는 지금 한 치 앞도 내다보기 힘든 이정표 없는 시대를 살아가고 있다. 게다가 극심하게 변화하는 현실에 대응할 확실한 지침도 찾아내지 못한 채 저출산, 고령화, 인구 감소, 환경 파괴 등 과거에는 경험한 적 없는 여러 가지 문제들에 직면해 있다.

눈에 보이는 변화와 더불어 우리 내면의 의식과 가치관역시 이전과는 비교할 수 없을 만큼 크게 바뀌었다. 물론새로운 변화를 맞아 과거의 경직된 사고에서 벗어난 것만큼은 참으로 다행이라 생각한다. 그러나 결코 변해서는 안 되며, 더 철저히 지키고 키워야 할 것들을 잃어가고 있다는 점은 너무나 안타깝다.

'왜 일하는가?'
'무엇을 위해 일하는가?'

사람은 일생을 살아가는 동안 '일'을 하는 데 가장 많은 시간을 쓴다. 그런데 요즘에는 일하는 의미와 그 목적을 잃은 채 하루하루를 살아가는 이들이 너무도 많다.

일을 잘하기 위한 기술과 매뉴얼은 넘쳐날 만큼 지천에 깔려 있다. 왜 일하는지, 어떻게 일해야 하는지 생각하지 않아도 정해진 대로만 움직이면 결과가 나오고 급여가 나오는 세상이 되었다. 그러니 왜 일하는지, 무엇을 위해 일하는지 궁리할 필요가 없다. 눈을 뜨고 있는 대부분의 시간을 일에 쓰고 있지만, 정작 일을 하는 근본적인 이유에 대해서는 깊이 생각하지 않는다.

일 자체를 싫어하고, 힘든 일은 웬만하면 피하려는 이들도 적지 않다. '죽을힘을 다해 일한다'거나 '피땀 흘려 일한다'는 말 자체를 무의미하다고 부정하거나 고루한 사고라고 비웃는다. 아니, 오히려 열심히 일하는 이들을 경시한다. 죽을힘을 다해 일하기보다는 주식 투자처럼 편하게 돈 버는 삶을 동경하거나, 하루빨리 벤처기업을 세워 상장한 후 일확천금을 거머쥐고서 이른 나이에 은퇴해 여유롭게 사는 것이 인생의 목표라고 당당하게 선언하기도 한다.

한편 일 자체를 두려워하는 이들도 상당히 많다. 자신이 좋아하지 않는 일을 하는 것은 삶을 갉아먹는 고역이라 생각하고, 취직도 하지 않은 채 부모의 그늘 아래서 빈둥빈둥 세월을 보낸다. 왜 사는지, 어떤 사람이 될지 뚜렷한 목표도 없이 아르바이트만으로 생계를 이어가며 마지못해 일하기도 한다. 일할 의지도 없는 무직자나, 능력이 있어도 일정한 직업 없이 아르바이트로만 생계를 이어가는 사람이 늘어난다는 것은 일에 대한 가치관과 마음가짐의 변화가 초래한 필연적인 결과다. 일하는 것을 필요악으로 여기는 사고방식이 마치 상식이라고 여겨지기까지 한다.

'솔직히 말하면 일하기 싫다. 먹고살기 위해 어쩔 수 없이 회사에 나간다. 그러니 가능하다면 힘든 일은 좀 피하고, 몸도 마음도 편하게 일하고 싶다. 저녁 시간을 회사

일에 투자하고 싶은 마음은 추호도 없다. 개인 시간을 충분히 확보해 취미 생활을 즐기며 살아가고 싶다.'

경제가 발전하고 일상이 윤택해진 탓인지 이렇게 생각하는 이들도 있다. 아니, 이는 비단 몇몇 사람들만의 문제가 아니다. 지금 이 시간에도 많은 사람이 '왜 일하는지' 생각하지 않으며, 일 자체를 진지하게 대하려 하지도 않는다. 나는 그런 사람들에게 이렇게 묻고 싶다.

"세상에 태어나 단 한 번뿐인 귀한 삶을 사는데,
지금 당신은 정말로 가치 있는 삶을 살고 있는가?"

아니, 묻기만 하는 게 아니라 내가 60년 동안 경영자로 살아오며 깨달은 '일하는 이유'와 '일하는 방법'을 꼭 알려주고 싶다. 왜 일하는지, 무엇을 위해 일하는지를 이해하고 열심히 일하면 행복한 인생을 손에 넣을 수 있다는 사실을 전해주고 싶다.

바로 이런 의도로 이 책을 썼다. 일하는 것에 대한 나의 생각과 경험을 통해 일이 우리 인생에 가져다주는 무한한 가능성을 이야기하고자 한다.

내일 더 행복한
나를 꿈꾼다면

일을 한다는 것, 더 나아가 지금 자신이 하고 있는 일에 전념한다는 것은 삶의 모든 고통을 이겨내는 만병통치약과 같다. 온갖 시련을 극복하고 인생을 좋은 방향으로 이끄는 묘약이라고 해도 좋다.

이 세상에 매끄럽고 순탄하기만 한 삶은 없다. 원하지도 부르지도 않았건만 생각지도 못한 불행이 잇달아 우리 삶을 덮쳐오기도 한다. 이런 역경과 불행에 사사건건 휘둘리면 우리는 자신의 운명을 원망하고, 무의식중에 살아갈 의욕마저 잃게 된다.

그럴수록 우리는 자신이 하고 있는 일에 더욱 맹렬히 전념해야 한다. 혹독한 운명을 이겨내고, 삶을 밝고 희망차게 만들어주는 놀라운 힘이 '일'에 숨어 있기 때문이다. 그리고 내가 살아온 삶을 돌이켜봐도 이는 분명한 사실이다.

나는 젊었을 때 수없이 좌절을 겪었다. 우선 중학교 입학시험에 낙방했다. 어린 시절 사경을 헤맬 정도로 심하게 결핵을 앓았고, 그래서 수업을 듣지 못한 날이 많았다. 병을 앓았음에도 무리해서 공부를 해 다시 중학교 입학시험을 치렀지만 결과는 또 낙방이었다. 그런 데다 전쟁으로 인해 집까지 불타버리고 말았다. '왜 나는 지독히도 운이 없을까?' 10대 초반의 어린 마음은 절망감에 휩싸였고 늘 침울했다.

시련은 그 후로도 계속됐다. 대학 입시와 취업도 생각처럼 잘되질 않았다. 가고 싶던 의과대학 입학시험에 떨어진 뒤 고향에 있는 가고시마 대학 공학부에 입학했다. 원치 않았던 학교와 학과였지만 달리 방법이 없었다. 바꿀 수 없는 현실이라면, 그 현실에 따라야 했다.

다시 마음을 가다듬고 필사적으로 공부했지만 취업 역시 쉽지 않았다. 모두가 이 정도면 틀림없이 대기업에 들어갈 수 있다고 말했지만, 내 구직 활동은 모조리 실패로 끝나고 말았다.

그때 나는 어떻게든 서둘러 직장을 구해 가족을 먹여 살려야 했다. 그래서 할 수 없이 교수님의 소개로 교토에 있는 소규모 고압초자(전선을 지지하고 절연하기 위해 철탑이나 전봇대에 설치하는 기구) 제조 회사 쇼후공업에 입사했다.

하지만 그 회사는 내일 당장 망해도 전혀 이상할 것 없는 심각한 적자 상태였다. 첫 월급조차 제날짜에 나오지 않았고, 회사는 내게 조금만 더 기다려달라고 사정했다. 내가 가고 싶었던 회사도, 그렇다고 마음 편히 다닐 만한 회사도 아니었다.

'왜 내게만 이런 고난이 밀려오는 걸까?'

'하루를 버티기도 힘든데 앞으로 내 삶은 어떻게 되는 걸까?'

스물세 살이던 나는 인생의 새로운 출발점에서 암담한 심정에 사로잡힌 채 내 운명을 한탄했다. 내 운명을 한탄 할 수밖에 없는 현실이 원망스러웠다.

그러던 어느 날, 나는 그렇게 가혹한 운명으로 온통 뒤덮이고 말 것 같던 내 인생을 단 한 가지 계기로 단박에 새로이 변화시켰다. 생각 하나를 바꿨을 뿐인데 모든 걱정과 불안이 말끔히 씻긴 듯 사라졌다.

'지금 내가 하는 일에 전념하자.
살기 위한 길은 오직 그뿐이다.'

그러자 정말 신기하게도 고난과 좌절 쪽으로밖에 돌아가지 않았던 내 인생의 톱니바퀴가 좋은 방향으로 역회전하기 시작했다. 그 이후 내 삶은 스스로도 믿을 수 없을 만큼 멋지고 희망이 넘치는 나날로 바뀌어갔다.

지금 이 글을 읽는 사람들 중에도 '왜 일하는지', '무엇을 위해 일하는지' 고민하지 않은 채 마지못해 일을 하며 상처받는 이들이 분명 있을 것이다. 좋아하지 않는 일을 하는 자신을 비하하고 그 때문에 좌절하기도 할 것이다.

그런 사람들에게 나는 꼭 이 말을 전하고 싶다. '일하는 것'은 우리 삶에 닥쳐오는 시련을 이겨내고, 운명을 좋은 방향으로 이끄는 유일한 길이라고. 그러니 힘들고 어려운 때일수록 더욱더 자신이 맡은 일에 사력을 다해 전념하라고 말이다.

지금 자신이 하는 일에 더욱 적극적으로, 가능하다면 무아지경에 빠질 때까지 몰입해보라. 예상치 못한 위기가 닥쳐와도 당당히 맞서 부딪쳐보라. 그러면 분명 자신을 옭아매던 고난과 좌절을 극복할 수 있을 뿐만 아니라, 상상도 하지 못했던 새로운 미래를 맞이할 수 있을 것이다. 이것은 내가 지어낸 황당무계한 이야기가 아니다. 90년 인생 동안 직접 경험했고, 영세한 기업이던 교세라를 세계 최고의 그룹으로 키워낸 비결이다.

부디 이 책을 읽고 한 사람이라도 더 많은 사람이 일하는 것의 진정한 의미를 깨닫고, 행복하고 멋진 인생을 살아가길 진심으로 바란다.

이나모리 가즈오 稻盛和夫

차 례

2장

일을 사랑하는가

3장

무엇을 꿈꾸는가

6장

창조적으로 일하는가

에필로그

1장

왜   일 하 는 가

열심히 일한다는 것은 근면하다는 것이고, 일에 대한 태도가 언제나 성실하다는 것이다. 우리가 맛보는 진정한 기쁨은 일 속에 있다. 놀이나 취미의 세계에서 기쁨을 찾으면 일시적으로는 즐거울지 모르나 진정한 기쁨을 맛보기는 어렵다.

일은 사람의 일생에서 가장 큰 비중을 차지한다. 따라서 일에서 충실감을 얻지 못하면 공허함을 느끼게 된다. 성실하게 일에 몰두해 무언가를 이루는 것이야말로 다른 어떤 것과도 바꿀 수 없는 기쁨이다.

1000년을 생각하며
집을 짓듯이

"왜 일하는가?"

아마도 많은 사람이 이런 질문을 받으면 "먹고살기 위해 일을 한다"라고 대답할 것이다. 물론 생계를 유지하기 위해 돈을 버는 건 일을 하는 중요한 이유이자 가치임에 분명하다. 하지만 나는 열심히 일하는 이유가 단지 그 한 가지뿐이라고는 생각하지 않는다.

인간은 자신의 내면을 성장시키기 위해 일한다. 적어도 나는 그렇게 생각한다. 내면을 성장시키는 것은 스님이 오랜 세월 엄격한 수행에 전념해도 이루기 힘들 만큼 상당히 어렵지만, 일에는 그것을 가능케 하는 큰 힘이 있다. 일하는 의미가 바로 여기에 있다.

예전에 텔레비전 방송에서 궁이나 사찰 건축을 총지휘하는 도편수의 삶을 다루는 다큐멘터리를 본 적이 있다. 무려 60년 가까이 그 일에 인생을 바친 그 도편수의 말을 듣고, 나는 크게 감동했다. 그는 이렇게 말했다.

"모든 나무에는 영혼이 깃들어 있습니다. 아무리 보잘것없는 나무라고 해도 말입니다. 나무를 베거나 다듬을 때면 반드시 그 영혼이 내게 건네는 말소리에 귀를 기울여야 합니다. 1000년 된 나무를 사용할 거라면 이후로도 1000년의 세월을 견딜 수 있을 만큼 가치 있는 일을 해야 합니다."

자신의 일에 평생을 바치고, 진심을 다해 노력해온 사람이 아니고서는 이렇게 마음속을 파고드는 말을 할 수 없다. 그의 말에는 자연에 대한 경외심, 삶에 대한 겸허, 그리고 일에 대한 책임감이 그대로 녹아 있었다.

그는 단순히 대패질을 해 멋진 건물을 짓는 숙련된 기술자가 아니었다. 그에게 도편수의 일이란 인생을 바친 소명이자, 내면을 단련하는 수련이고, 높은 인격을 수

양하는 훈련이었다. 그것은 내 마음가짐을 새롭게 하는 1000년의 울림이었다.

그 도편수는 초등학교를 졸업한 후부터 일흔 살이 넘을 때까지 줄곧 궁이나 사찰을 짓는 목수로 일했다고 한다. 그 오랜 세월 오직 한 가지 일에 전념하는 동안 괴롭고 힘든 일도 많았을 것이다. 당장이라도 다 그만두고 싶을 만큼 고생도 많이 했을 것이다. 그러나 그는 그러한 과정을 모두 이겨내고 그 누구도 넘볼 수 없는 도편수로 성장했다. 1000년을 살아온 나무처럼 무수한 고난을 이겨내며 훌륭한 인격을 키워냈기에, 그토록 울림이 있고 연륜이 느껴지는 말을 진심에서 꺼낼 수 있었으리라.

나는 이 도편수처럼 평생을 한 가지 일에만 전념하고 자신의 일을 진심으로 사랑하는 사람을 볼 때 깊은 감동을 느낀다. 한결같이 자신의 일을 올곧게 갈고닦아온 사람만이 가질 수 있는 인격의 깊이와 흔들리지 않는 존재감을 마주할 때마다 일하는 것이 얼마나 고귀한 행위인지를 깨닫는다. 바로 그처럼, 오늘을 살아가는 많은 사람이 자신의 일에 노력을 아끼지 않고, 고생을 두려워하지 않으며, 오직 순수한 마음으로 일에 몰두하기를 간절히 바란다.

만약 그가 단순히 먹고살기 위해 일을 했다면 60년이라는 세월 동안 자신의 일을 지속할 수 있었을까? 자신의 일에 진지하게 임하지 않았다면 나무가 들려주는 말소리를 들을 수 있었을까? 절대 그럴 수 없었을 것이다.

때때로 일을 하다 보면 이런 의문이 가슴속에서 솟아난다.

'대체 무엇을 위해 일하는 걸까?'

그럴 때는 한 가지 사실을 떠올려보라. 일하는 것은 우리의 내면을 단단하게 하고, 마음을 갈고닦으며, 삶에서 가장 가치 있는 것을 손에 넣기 위한 행위라는 것을. 그러한 사실을 잊지 않았기에 나이 어린 목수가 1000년의 울림을 깨닫고, 이나모리 가즈오라는 한 청년이 흔들림 없이 지금의 교세라를 세웠음을.

뉴브리튼섬에서 배운
일의 의미

인생을 잘 살아가기 위해서는 무엇보다 잘 일해야 한다.
지금으로부터 20여 년 전, 독일 영사와 일에 관한 주제로
대담을 나누던 중 이런 말을 들었다.

　"노동의 진짜 의미는 자기가 맡은 일을 달성하고 실적
을 내는 것뿐만 아니라 개인의 내면을 완성하는 과정이라
고 생각합니다."

　나는 그의 말에 전적으로 동감했다. 일을 하는 가장 큰
목적은 그 일을 하는 우리 자신의 마음을 연마하고 인성
을 기르는 데 있다. 즉, 자신의 눈앞에 놓인 일에 온 힘을

다해 몰두한다면 우리는 내면을 갈고닦아 깊고 두터운 인격을 갖출 수 있다.

일을 통해 인간은 성장한다. 하루하루 충실히 일에 매진하면서 자아를 확립하고 인격적 완성에 가까이 다가간다. 동서고금을 막론하고 그런 사례는 헤아릴 수 없이 많다. 세상에 나와 있는 위인전을 펼쳐 들어도 어김없이 그러한 사실을 확인할 수 있다. 꼭 위인이 아니더라도 위업을 이루고 명성을 얻은 사람들은 누구도 범접할 수 없는 엄청난 집중력으로 온갖 고생을 겪으면서도 자신이 해야할 일에 매진했다. 끝없는 인내와 노력으로 큰일을 해내고 훌륭한 인품을 갖춘 것이다.

남태평양 뉴브리튼섬에 사는 어느 부족은 '열심히 일하는 게 곧 삶의 미덕'이라 여기며 살아간다. 이곳 사람들은 '열심히 일하면 마음도 성장한다', '일의 성과는 올곧은 마음가짐에서 비롯된다'라는 단순한 가치관으로 생활을 영위하고 있다.

그 마을은 화전농법으로 타로토란(남태평양 여러 섬에서 주식으로 먹는 구근 식물 – 역자 주)을 재배하며 살아간다. 이곳에서는 '일하는 것이 고역'이라는 개념이 조금도 존재하지 않는다. 마을 사람들이 일을 하며 추구하는 것은 '일의 미적 성취'와 '인격 수양', 즉 일을 아름답게 완성하고 그 과정을 겪으며 인격을 연마하는 것이다.

마을 사람들은 밭의 배치, 작물의 수확량, 흙 내음으로 일의 성과를 평가한다. 좋은 냄새가 나는 밭은 풍년이고 나쁜 냄새가 나는 곳은 결실이 없는 곳이라 변별하는 것이다.

이런 기준으로 평가를 해 농사를 훌륭하게 해낸 사람은 마을 사람 모두에게 인격이 높은 사람이라 평가받는다. 한마디로 노동의 결실인 수확을 통해 그 사람의 인격이 높고 낮은지를 평가하는 것이다.

뉴브리튼섬 부족들에게 일이란 생존을 위한 양식을 얻는 수단인 동시에, 마음을 연마하고 인격을 드높이는 과정이다. 그들은 부지런한 사람이 좋은 결실을 얻는다고 믿는다. 이는 오랜 세월 이어온 그들만의 삶의 기준이자, 그들이 대대로 이어온 생존 방식이다. 그들의 삶을 토대로 볼 때 인품이 좋아야 가치 있는 일을 할 수 있다는, 이 단순하지만 중요한 깨달음이 원시사회부터 엄연히 존재했다는 것을 알 수 있다. 열심히 일하지 않고서는 살아갈 수 없는 원시사회야말로 일에 대한 진짜 의미를 올바르게 이해하고 있는 것 같다.

인류에게 근대 문명을 안겨준 서양 사회에서는 '일이란 곧 고역'이라는 인식이 팽배했다. 구약성서의 서두에 나오는 아담과 이브의 일화만 봐도 명백히 알 수 있다. 인류의 시조인 아담과 이브는 신이 금지한 선악과를 따 먹은 죄로 낙원인 에덴동산에서 추방당했다. 낙원에서 살 때는 일할 필요가 없었지만, 추방되고 난 후에는 먹을거리를 얻기 위해 힘겹게 일해야 했다.

이 유명한 이야기에는 인간이 소위 '원죄'를 갚기 위해 노동이라는 벌을 받았다는, 즉 일에 대한 부정적인 이미지와 의식이 깊게 깃들어 있다. 다시 말해 서양 사람들은 '일은 고통으로 가득 차 있어서 피해야 할 행위'라 여긴다. 바로 거기에서 '일은 최대한 짧은 시간 안에 끝내고 보수는 최대한 많이 받는 게 좋다'는 노동관이 생겨났다고도 생각할 수 있다.

서양과 달리 동양에는 이 같은 노동관이 없었다. 일은 분명 고생도 수반하지만, 그 고생 이상으로 기쁨과 긍지, 그리고 삶의 보람을 가져다주는 존엄한 행위라고 여겼다.

그래서 일찍이 동양에서는 무슨 직업을 가졌든 모두가 아침부터 저녁까지 불평 없이 일을 계속했다. 일회용품을 만드는 장인은 자신의 기술을 연마해 훌륭한 일회용품을 만드는 일에 이루 말할 수 없는 자긍심과 만족을 느꼈다. 일을 한다는 건 기술을 연마하는 것을 넘어 마음을 갈고 닦는 수행이며 더불어 자아실현과 인격 형성을 이루는 정진의 과정이란 걸 알고 있었다.

하지만 지금은 우리가 지켜온 일에 대한 가치관도 크게 변화했다. 이 달라진 가치관이 바로 앞에서 말했던 '일은 최대한 짧은 시간 안에 끝내고 보수는 최대한 많이 받는 게 좋다'라는 사고방식이다.

간절한 몰입이
인생을 바꾼다

물론 이렇게 말하는 나도 처음부터 일을 좋아한 것은 아니었다. 오히려 고생하면서 일하는 걸 당치도 않게 생각했다. 어린 시절에 아버지는 늘 "젊었을 때 고생은 사서도 한다"라고 말씀하셨지만, 그런 말을 들을 때마다 나는 "돈을 줘도 고생 따위는 하고 싶지 않아요"라고 대꾸할 만큼 건방지고 제멋대로였다. 요즘 사람들과 마찬가지로 힘들게 일하고 고난을 이겨내면서 내면을 성장시킨다는 고리타분한 가르침을 귀담아 들으려 하지 않았다. 일을 통해 인격을 수양한다는 말도 한 귀로 듣고 흘려버렸다.

하지만 그런 나의 안이한 생각은 대학교를 졸업하고 입사한 쇼후공업이란 낡고 초라한 회사에서 단박에 깨지고 말았다. 한때 쇼후공업은 일본을 대표하는 고압초자 제조 회사였지만, 내가 입사했을 때에는 그 위용은 온데간데없고 월급도 제날짜에 나오지 않는, 심지어 회사가 내일 당장 망해도 전혀 이상하지 않을 만큼 경영 상태가 최악이었다. 오너 일가의 경영권 싸움과 노동분쟁도 끊이지 않았다.

"자네, 어쩌다 저런 망해가는 회사에 들어갔나? 저런 회사에 계속 다니다가는 결혼도 못할 걸세."

심지어 근처에 있는 상점에 물건을 사러 가도 주인에게 동정을 받기 일쑤였다.

이런 상황이었기에 내 동기들은 입사 후 얼마 지나지 않아 모이기만 하면 으레 불평불만을 쏟아내곤 했다.

"이런 회사에 들어왔다는 게 너무 창피해. 더 좋은 회사로 빨리 이직하고 싶어."

나는 극심한 경기 불황 속에서 대학 교수님의 소개로 간신히 들어온 회사였기에 처음에는 감사한 마음으로 다녔다. 원래 같았으면 감지덕지한 마음에 회사 험담 같은 건 입 밖에 낼 처지도 아니었다. 그런데 자꾸 회사에 대한 불만을 듣게 되니, 젊고 철없던 나 역시 불평을 늘어놓기 시작했다. 회사를 소개해주신 교수님에 대한 은혜도 잊은 채, 아무런 성과도 올리지 못했으면서 불만만 터트린 것이었다.

그렇게 입사한 지 1년도 지나지 않아 입사 동기들이 차례차례 회사를 그만두기 시작했다. 나 역시 이대로 회사에 남을 수는 없었다. 이만큼 버틴 것도 회사가 고마워해야 한다고 생각했다.

마지막까지 회사에 남아 있던 나는, 또 한 명 남아 있던 교토 대학 출신 동기와 함께 자위대 간부후보생 학교에 지원해 입학시험을 치렀다. 결과는 둘 다 합격이었다. 우리는 이곳을 벗어났다는 사실에 기뻐했다. 왜 처음부터 이 생각을 못했을까 싶을 정도였다.

다만 입학 절차를 밟기 위해서는 호적초본을 제출해야 했다. 그래서 가고시마 본가에 서류를 떼어 보내달라고 부탁했다. 서류만 챙기면 이 지긋지긋한 회사와도 영영 이별할 수 있었다.

그런데 아무리 기다려도 호적초본이 오지 않았다. 당시

는 전화가 매우 귀하던 터라 몇 번씩 전보를 보냈지만 감 감무소식이었다. 학교에는 사정이 생겨 서류가 도착하지 못했다고, 며칠만 더 기다려달라고 사정했지만 소용없었다. 결국 그 동료만 간부후보생 학교에 입학했고, 나는 서류 한 장 때문에 입학이 취소되고 말았다.

나중에 안 사실이지만 본가에서 호적초본을 보내주지 않은 데에는 다 이유가 있었다.

'어렵게 대학까지 공부시키고 교수님 소개 덕분에 가까스로 교토에 있는 회사에 들어갔는데, 고작 1년도 참고 견디지 못하다니 한심한 놈이군!'

내 결정에 형은 몹시 화를 냈고, 그래서 호적초본을 보내주지 않은 것이었다.

결과적으로 입사 동기 중 나 혼자만 다 망해가는 회사에 남게 되었다. 이제는 달리 갈 곳도 없었다. 다들 그만 둔 곳에 홀로 남은 나는 오갈 곳 없는 패잔병이었다. 유명 대학을 졸업한 사람들도 직장을 구하기 힘든 상황인데, 지방 대학 졸업자에 인맥도 없고 입사한 회사를 반년 만에 그만둔 내가 재취업을 할 수 있을 리 만무했다. 혼자가 된 나는 고민에 고민을 거듭했다.

'이 회사를 그만두고 이직을 한다고 해서 반드시 성공하리라는 보장은 없다. 회사를 그만두고 나서 인생이 잘 풀린 사람도 있겠지만, 반대로 회사를 그만둔 탓에 오히려 비참한 인생을 보내게 된 사람도 있을 것이다. 또 망해가는 회사에 남아 오히려 필사적으로 노력한 끝에 훌륭한 성과를 올려 성공한 사람도 있을 것이고, 회사에 남아 노력했는데도 인생이 뜻대로 되지 않은 사람도 있을 것이다.'

이런저런 경우를 따져가며 과연 회사를 그만두는 게 좋을지, 아니면 회사에 남는 게 옳은 선택인지 고심한 끝에 한 가지 결론에 이르렀다. 그리고 그것은 내 앞날을 역전시키거나 나를 더 초라하게 할지도 모를 결단이었다.

'회사를 그만두기 위해서는 확실한 대의명분이 있어야 한다. 그저 막연히 불만을 품고 회사를 그만둔다면, 아무리 좋은 회사에 간들 또 똑같지 않겠는가. 그래서는 인생이 잘 풀릴 리 없다.'

아무리 생각해보아도 회사를 그만둘 이유를 찾지 못한 나는 우선 하고 있는 일에 집중하기로 마음먹었다.

불평불만을 내뱉는 대신, 일단은 당장 눈앞에 놓인 일에 철저히 몰두해보자고 다짐했다. 쓸데없는 잡념에 에너지를 쏟는 대신, 일에 정면으로 부딪쳐보기로 했다. 그러자 치열하게 싸워보고 싶은 욕구가 샘솟았다. 그 뒤로 나는 정말 죽을힘을 다해 진지하게 일을 해나갔다.

당시에 나는 쇼후공업에서 최첨단 파인세라믹 연구를 담당하고 있었다. 새로이 결심하고 난 후부터는 냄비와 밥솥 등을 챙겨와 연구실에서 묵으며 그야말로 24시간 연구에 파고들었다. 세 끼 식사도 제대로 하지 못하고 밤낮을 잊은 채 실험에 몰두했다. 그때 내가 필사적으로 일하는 모습이 다른 사람에게는 무모하고 장렬하게까지 보였을 것이다.

내가 맡은 일은 나 혼자만 열심히 한다고 해서 되는 일이 아니었다. 최첨단 제품을 만드는 일이었기에 배움도 게을리해서는 안 됐다. 그래서 파인세라믹에 관한 최신 논문이 게재되어 있는 미국 전문 잡지를 구해 한 손에는 영어 사전을, 한 손에는 잡지를 들고 읽었다. 하루 업무가 끝난 밤 시간과 휴일에는 도서관에 가 전문 서적을 빌려 파고들었다. 읽다가 성에 차지 않을 땐 아예 통째로 외워버리기까지 했다.

파인세라믹 제품은 무기화학 분야로, 대학에서 유기화

학을 전공한 내게는 무척이나 생소한 분야였다. 그래서 연구를 위해 벼락치기로 무기화학을 공부했다. 더구나 경쟁 업체에는 그 분야에 나보다 더 능통하고 그 일에만 평생을 매달린 사람이 많았으므로, 나는 없는 시간을 쪼개고 더 쪼개어 연구에 몰두해야 했다. 그들에게는 20대 초반의 젊은이가 형편없는 시설에서 혼자 연구한다는 것이 어린애 소꿉장난으로 여겨졌으리라.

그런데 일에 완벽히 몰두하자 신기한 일이 벌어지기 시작했다. 20대 초반의 풋내기가 하는 연구에서 잇달아 좋은 실험 결과가 나온 것이었다. 그와 동시에 나를 괴롭히던 '회사를 그만두고 싶다', '내 인생은 앞으로 어떻게 되는 걸까?' 하는 고민과 갈등이 차츰차츰 거짓말처럼 사라졌다. 심지어는 일이 너무 재미있어서 어쩔 줄 모르는 지경에 이르렀다. 그러다 보니 일이 힘들지 않았고, 내가 하는 일에 더 진지한 자세로 임하게 되었다.

자연히 주변 사람들의 평가도 날이 갈수록 좋아졌다. 이전까지는 고난과 좌절의 연속이던 내 인생에 생각하지도 못한 변화가 생겨난 것이었다.

그렇게, 내 인생 최초의 가장 큰 '성공'이 찾아왔다.

신이 손을
내밀어줄 때까지

쇼후공업에 입사한 지 1년쯤 지난 스물네 살 때의 일이다. 당시에 나는 포스테라이트(Forsterite, 고토감람석)라는 새로운 재료를 연구 개발하는 일에 매진하고 있었다. 포스테라이트란 절연저항(절연체에 전압을 가했을 때 절연체가 나타내는 전기 저항 – 역자 주)이 높고, 특히 고주파 영역에서 성능이 뛰어난 파인세라믹 재료다.

그 무렵 일본 경제가 성장 가도에 접어들면서 가정에 텔레비전이 보급되기 시작했는데, 텔레비전 브라운관에 주로 사용되던 스테아타이트(Steatite, 동석)에 비해 포스테라이트가 더욱 적합하다고 여겨져 수요가 폭발적으로 증가했다. 전 세계 텔레비전 생산 업체들은 너나없이 포스테라이트를 먼저 찾았다.

하지만 그때까지만 해도 일본에서는 포스테라이트 생산에 성공한 예가 없었다. 그러니 나 자신에게도, 회사에도 포스테라이트 연구 개발은 분명 도전할 만한 가치가 충분한 프로젝트였다. 그래서 변변한 설비도 갖추어지지 않은 연구실에서 그야말로 매일 밤낮으로 철야를 계속하며 개발 실험을 이어갔다. 하지만 좀처럼 생각한 대로 결과가 나오지 않아 무척이나 고생했다. 굴지의 파인세라믹 생산 업체들조차 고개를 저을 만큼 어려운 일이었지만, 거의 쓰러지기 직전까지 스스로를 몰아세우며 연구에 연구를 거듭했다.

그런데도 일이 너무나 재미있었다. 결과는 보이지 않았지만 일하는 동안만큼은 세상에서 가장 행복했다. 이렇게 일에 몰두할 수 있다는 것만으로도 얼마나 큰 축복인지 싶었다. 그렇게 나는 최선을 다해 밤낮없이 실험에 몰두했다. 그러던 중 우연한 계기로 포스테라이트를 합성하는 데 성공했다.

당시 포스테라이트 합성에 성공한 회사는 내가 속한 회사와 미국의 제너럴일렉트릭(GE)뿐이었다. 그 사실만으로도 내가 개발한 포스테라이트는 굉장한 주목을 받았다.

고주파 특성이 뛰어난 포스테라이트로 처음 개발에 도전한 제품은 마쓰시타 전기산업(현 파나소닉)으로부터 주문을 받은 'U자 켈시마Kelcima'라는 절연 부품이었다. U자 켈시마는 텔레비전 브라운관 전자총에 쓰이는 절연 부품으로, 내가 개발한 포스테라이트가 재료로 사용하기에 아주 적합했다. 마침 텔레비전이 널리 보급되었던 터라 마쓰시타 전기산업에서 만든 모든 텔레비전 브라운관에 내가 만든 포스테라이트가 사용될 참이었다.

이 U자 켈시마를 개발하면서 가장 고생했던 것은 그 원료인 포스테라이트 분말을 성형하는 작업이었다. 포스테라이트 분말은 상당히 바슬바슬해서 형태를 만들어내기가 어려웠다. 마치 우동이나 메밀국수를 만들 때처럼 점성이 있는 연결 물질이 필요했다. 기존에는 점토를 사용해 형태를 만들곤 했는데, 불순물이 섞인다는 문제가 있었다. 나는 매일 어떤 물질을 사용해야 이 문제를 해결할 수 있을지 골똘히 연구하느라 여념이 없었다.

그러던 어느 날 생각지도 못한 일이 벌어졌다. 여느 날과 같이 그날도 포스테라이트 연결 물질을 생각하면서 실험실을 걷고 있었는데, 무언가 발에 걸려 미끄러질 뻔했다. 무심코 발밑을 보니 실험에 사용하던 파라핀 왁스가 신발에 붙어 있었다.

"대체 누구야! 이런 데 왁스를 흘린 사람이!"라고 소리를 지르려던 바로 그 순간이었다.

'이거다!'

머릿속에 번뜩 아이디어가 떠올랐다. 바로 그 자리에서 수제 냄비에 파인세라믹 원료와 파라핀 왁스를 넣어 열을 가해 잘 저어 섞은 뒤 틀에 넣어 성형해보았다. 그러자 놀랍게도 완벽한 형태로 모양이 만들어졌다. 게다가 그렇게 만든 성형물을 고온 화로에 넣어 구우면 파라핀 왁스는 모두 타버리기 때문에 완성된 U자 켈시마에는 불순물이 조금도 남지 않았다. 숱하게 고민하던 문제가 단박에 해결되는 순간이었다.

지금 돌이켜봐도 '신의 계시'라고밖에 생각할 수 없는 일이었다. 물론 실제로 해결책을 생각해낸 건 나 자신이다. 하지만 필사적으로 일에 몰두하며 고민에 싸여 있던 내 모습을 보고 신이 가엾게 여겨 지혜를 내려주었다고 밖에는 표현할 길이 없다. 그 후로 나는 어려운 문제에 봉착할 때마다 직원들에게 이렇게 말한다.

"신이 도와주고 싶어 할 만큼 한결같이 일에 전념하게. 그러면 아무리 고통스러운 순간에도 분명 신은 손을 내밀 것이고, 반드시 성공할 수 있다네."

내가 개발한 U자 켈시마는 그 후 텔레비전 브라운관을 제작하는 데 없어서는 안 될 부품이 되었고, 이후 마쓰시타 전기산업으로부터 막대한 주문을 받아 망해가던 쇼후공업을 기사회생시키는 데 기여했다. 이 일로 나는 회사 전체의 기대를 한 몸에 받게 되었다.

이때의 기술과 실적이 그 후 교세라를 발전시키는 데 초석이 되었다고 해도 과언이 아니다. 또한 감사하게도, 이 첫 성공 경험을 통해 역경과 고난 속에서도 열심히 일하면 멋진 운명을 끌어당길 수 있다는 사실을 실감했다.

"저 친구는 참 안 됐어."

사람이란 모름지기 이런 말을 들을 정도로 불행한 상황에 한 번쯤은 놓여보는 것도 좋다. 겨울이 추울수록 그 겨울을 견뎌낸 나무가 더 아름다운 꽃을 피우는 것과 마찬가지로, 지독한 고민과 고통을 겪어본 사람만이 크게 성장하고 진정한 행복을 붙잡을 수 있다.

내가 인생을 살면서 수없이 경험한 고통과 좌절은 마치 오셀로 게임에서 검은색 돌이 단번에 흰색으로 뒤집히듯이 나중에는 전부 성공의 토대가 되었다. 지금 되돌아보면 그때 괴롭고 어렵다고 생각한 일에 도전하고 적극적으로 맞선 것이 오히려 좋은 결과를 불러왔다. 내가 맞닥뜨린 고난과 좌절은 내 인생의 전환점이었고, 최대의 행운인 셈이었다.

적자 연속의 쇼후공업에 입사한 후 동기들이 하나둘 회사를 떠나고 나 혼자 남았을 때, 주변 사람들은 동정인지 야유인지 모를 말로 내 처지를 평가했다.

"이나모리는 참 안 됐어. 대학 성적도 좋고 공부도 많이 했는데 그런 다 망해가는 회사에서 썩고 있다니. 정말 운도 없는 친구지. 앞으로 인생이 어찌 되려나."

동기들이 제각기 영리하고 민첩하게 제 살 길을 찾아 회사를 나갔음에도 나만 갈 곳이 없어 홀로 회사에 남아 제자리걸음을 하고 있다는 사실에 매순간 마음이 무너져 내렸다. 하지만 지금 생각해보면 이 불운과 시련은 내게 일에 전념하는 법을 가르쳐주었고, 그것을 통해 나는 내 인생을 새롭게 바꿀 수 있었다. 쇼후공업에서의 시간은 가혹한 운명이 아니라 신이 내게 준 최고의 선물이었다. 어떠한 역경에 부딪쳐도 우직하고 성실하게 맡은 일을 해나가는 것, 이 경험이 지금의 나를 키운 최고의 힘이자 영세기업 교세라를 세계 최고의 기업으로 우뚝 세운 토대가 되어주었다.

만약 내가 부잣집에 태어나 돈 걱정 없이 공부에만 전념할 수 있었다면, 고난과 좌절을 모른 채 일류 대학에 들어가 수월하게 대기업에 취직했더라면 내 인생은 어땠을까? 단언컨대 지금과는 전혀 다른 삶을 살았을 것이다. 삶이 순조롭게만 흘러갔다면 나는 현실에 만족하며 안일하게 살았을지도 모른다.

물론 평탄한 인생도 좋다. 하지만 역경이 있는 인생이라면 그보다 더 좋다. 그러니 자신이 처한 환경을 있는 그대로 받아들이고, 그 어떤 순간에도 노력을 게을리하지 마라. 절대로 주저앉지 마라. 그러면 반드시 신은 당신에게 커다란 선물을 안겨줄 것이다. 내게도 그러했듯이.

공짜로 주어지는
행복은 없다

열심히 일하면 상상도 할 수 없을 만큼 멋진 미래가 인생에 다가온다는 것을 머리로는 잘 알아도, 인간은 본능적으로 일하는 것을 싫어한다. '일하는 건 질색이야', '될 수 있으면 일 안 하고 편하게 살고 싶어'라는 마음이 시시때때로 고개를 내밀기 마련이다. 본래 인간이란 그냥 내버려두면 안이한 현실에 안주하고, 되도록 고생은 피해가고 싶도록 설계된 생물이기 때문이다. 이런 습성은 나이가 많은 사람이나 지금 한창 일하고 있는 젊은 사람이나 마찬가지일 것이다. 다만 지금과 그때가 다른 점이 있다면,

내가 자란 시대는 일하기 싫어도 일하지 않으면 생존할 수 없었다는 것이다.

내가 청년이던 시절에는 지금보다 훨씬 더 사회 환경이 열악해서, 좋고 싫고를 떠나 열심히 일하지 않고서는 입에 풀칠조차 하기 힘들었다. 지금처럼 자신이 좋아하는 일을 추구하고 적성에 맞는 직업을 찾기에는 현실이 너무나 혹독했다. 직종이 무엇이든 간에 부모가 하는 일을 그대로 이어받든지, 그 밖에 일할 수 있는 곳이 있다면 어디든 간에 바로 뛰어들어 일하는 게 당연했다. 게다가 한번 입사한 회사를 쉽게 그만두는 행동도 사회 통념상 결코 좋게 받아들여지지 않았다.

취직할 수 있는 회사에 들어가 일하고 그 일을 지속하는 것은 자기 의지와는 상관없는 일종의 사회적 책임이자 의무였다. 거기에는 개인의 재량이나 의지가 반영될 여지도 없었다.

지금과 비교해보면 그때가 불행해 보일지도 모른다. 자유도 없고 여유도 없었으니 말이다. 하지만 힘들고 어려운 때일수록 인간은 더욱 견고해지고 숙련되는 법이다. 싫어도 어쩔 수 없이 일을 계속하는 동안 자기도 모르는 사이에 인생이 더 나은 방향으로 흘러간다. 필사적으로 일할 수밖에 없기 때문에 시련을 참고 견디는 힘도 커진다. 가난을 옹호하자는 말이 아니다. 힘들고 어려울수록 일을 통해 나약한 마음을 단련하고 인격을 높여야 행복한 인생을 살아갈 기회를 잡을 확률도 높아진다는 뜻이다.

지금은 물질적으로 윤택하고 평화로운 시대가 되어 싫어하는 일을 강요받는 일도 많이 없어졌다. 그러나 우리는 열심히 일하지 않고 안일하게 살아가는 태도가 인생에 어떤 영향을 미치는지 한 번쯤 진지하게 생각해야 한다. 어느 날 갑자기 복권에 당첨되어 평생 놀고먹을 수 있을 만큼 큰돈을 손에 쥐었다고 상상해보자. 당장은 큰돈을 공짜로 얻었다는 생각에 세상을 다 가진 기분일 것이다. 이만한 돈이라면 굳이 하기 싫은 일 계속하지 않아도 되고 회사에도 나갈 필요가 없다. 하지만 언젠가는 반드시 그 행운이 진정한 인생의 행복을 가져다주지는 않는다는 사실을 깨닫게 될 것이다.

오랜 시간 아무런 목표도 없이 일도 하지 않고 나태하게 생활하다 보면 인격적으로 성장하지도 못할뿐더러 자신이 가지고 있던 능력마저 썩혀버리고 만다. 그러면 가족과 친구를 비롯한 모든 인간관계에도 나쁜 영향이 미칠 것이고, 인생을 살아가는 참된 의미와 보람도 찾기 어려워진다. 일하는 수고로움을 아는 사람만이 안락함의 소중함도 아는 법이다. 매일 열심히 일하고 그 노력에 대한 보상을 받기에, 인생의 시간이 더욱 즐겁고 귀중하게 느껴지는 것이다.

열심히 일하면 하루하루 남모를 기쁨과 즐거움이 인생에 다가온다. 마치 긴 밤이 지나고 새벽이 밝아오는 것처럼, 기쁨과 행복이 고생 저편에서 얼굴을 들며 인생을 비춘다. 이것이 일을 통해 얻는 인생의 참모습이다.

지금으로부터 50여 년 전 교세라가 처음으로 주식시장에 상장했을 때의 일이다. 그때까지의 필사적인 노력이 세상 사람들로부터 인정받았다는 사실과, 맨주먹으로 창업한 회사가 일류 기업의 반열에 들어섰다는 사실 앞에서 나는 이루 말할 수 없는 감격에 빠졌다. 그런데 상장을 하고 나자 "이만큼 자산을 이루었으니 이젠 한숨 돌려 취미 생활이나 여가를 누리며 즐겁게 사시는 건 어떠세요?"라고 물으며 편한 인생을 권하는 사람들이 있었다.

물론 최근 벤처기업 경영자들 중에는 자신의 재능을 발

휘해 사업을 확장하고 일찌감치 주식시장에 상장해 자신이 소유한 주식을 내다 팔아 거액의 부를 손에 쥐는 사람들이 많다. 그러고는 30대, 40대의 나이에 서둘러 일에서 손을 떼고 은퇴할 생각을 한다.

나는 교세라를 상장했을 때 내가 가진 주식을 한 주도 매각하지 않고 신규로 주식을 발행해 그때 얻은 매각 이익을 모두 회사의 이익으로 돌렸다. 또한 당시 나는 30대 후반을 바라보고 있었지만, 상장을 계기로 '지금보다 더 열심히 일에 매진하자'고 마음을 다졌다. 회사를 상장했으니 앞으로는 직원들과 그 가족만 위할 것이 아니라 일반 투자자들의 행복까지도 책임지지 않으면 안 됐기 때문이었다.

주식 상장은 기업 운영의 최종 목표가 아니다. 어디까지나 새로운 출발점이다. 기업은 상장 후에도 계속 성장해나가야 한다. 그래서 나는 교세라 주식을 상장하던 날 직원들 앞에서 새롭게 결의를 다졌다. 그리고 지금 이 순간까지도 그 다짐을 잊지 않기 위해 힘쓰고 있다. 직원들에게도 내 뜻을 같이해달라고 설득하던 그때의 선언을 선명하게 기억하고 있다.

"창업 당시의 초심으로 돌아가겠습니다. 직원들과 함께 땀범벅이 되고 가루투성이가 될 때까지 온 힘을 다하겠습니다."

한여름 에어컨 앞에만 있는 사람은 상쾌함을 느끼지 못한다. 하지만 무더위 속에서 땀 흘려 일한 사람은 잠시 몸을 기대 쉴 수 있는 나무 그늘에도 시원함을 느낀다. 그렇게 나는 앞으로도 계속 내게 닥쳐오는 고생을 피하지 않겠다고 다짐했다.

일을 통해
화를 다스린다

우리가 쉽고 편안한 길을 택하고 자칫 자만하기 쉬운 까닭은 애초에 인간이 번뇌로 가득 찬 생물이기 때문이다. 그러므로 우리가 마음을 가꿔나갈 때 가장 중요시해야 할 것은 나쁜 마음을 억제하는 일이다.

인간이 느끼는 번뇌는 108가지라고 한다. 그중에서도 '욕망', '분노', '어리석음'이 인간을 괴롭히는 번뇌 중 가장 추한 감정이다. 이는 마음에 딱 들러붙어서 떨쳐버리려 해도 좀처럼 떨어지지 않는다. 석가모니는 이 세 가지를 '삼독三毒'이라 불렀으며, 인간을 잘못된 행동으로 이끄는 해악의 근원이라 강조했다(불교에서는 이를 탐貪, 진瞋, 치癡라고도 한다 - 역자 주).

'남보다 큰돈을 벌고 싶다', '남보다 더 많이 칭찬받고 싶다'는 욕망은 인간이라면 누구나 가지고 있다. 그 욕망이 뜻대로 이루어지지 않으면 분노를 느끼고, '왜 생각대로 되지 않는 거지?'라며 불평불만을 쏟아내는 어리석음을 범한다. 그리고 이 세 가지 독 때문에 우리는 괴로워하고 스스로를 옭아맨다. 인간으로 태어난 이상 우리는 항상 삼독에 휘둘리며 살아가야 한다.

사람이 인생을 살아가면서 삼독을 완전히 '무無'로 만들기는 불가능하다. 삼독은 육체를 가진 인간이 살아가기 위해 반드시 필요한 마음이기 때문이다. 인간이 생물로서 살아가는 데 반드시 필요하기에, 자연으로부터 본능으로 부여받은 마음이다. 자신이라는 존재를 지키고 유지해나가려면 식욕을 비롯한 욕망과 자신을 공격하는 자에 대한 분노, 그리고 자신이 생각하는 대로 되지 않는 데에 대한 불만을 깨끗이 떨쳐낼 수는 없는 노릇이다.

다만 그것이 과도해지는 것이 문제다. 욕망, 분노, 어리석음을 완전히 제거하진 못하더라도 우리는 그 독소를 희

석시키도록 노력해야 한다. 이를 위한 가장 확실하고도 유일무이한 방법이 바로 '열심히 일하는 것'이다. 자신에게 주어진 일을 우직하고 건실하게, 그리고 꾸준하고 성실하게 지속함으로써 자연히 삼독을 억제할 수 있다.

일에 파묻혀 몰입하면 분노를 가라앉히고 푸념을 줄일 수 있다. 또한 꾸준히 노력함으로써 인격도 수양할 수 있다. 그런 의미에서 일하는 것은 곧 수행이라 해도 과언이 아니다.

실제로 석가모니가 깨달음에 이르기 위한 수행으로 정한 여섯 가지 수행을 '육바라밀六波羅蜜'이라고 하는데, 그중 하나인 '정진精進'이 바로 열심히 일하는 것을 뜻한다. 자신의 일에 전념하고 심혈을 기울여 꾸준히 노력하는 자세, 그러한 노력이 인격 연마를 위한 수행이 되어 우리의 마음을 갈고닦아 인간을 성장하게 한다. 그렇게 우리는 자신의 인생을 깊이 있고 가치 있게 만들 수 있다.

물론 인격을 수양한다는 것은 말처럼 쉽지 않은 법이라 실행하기가 몹시 힘들다. 안타깝게도 아무리 선한 생각을 하고 선한 행동을 하려고 마음먹어도 자신도 모르게 어딘가 미숙하고 철없는 행동을 하게 된다. 어지간한 성인군

자가 아니라면 좋은 생각과 행동을 일관하기란 쉽지 않다. 그것은 나 역시 마찬가지였다. 그래서 나는 자칫 악한 마음에 사로잡히지 않기 위해, 또 그런 스스로를 경계하기 위해 한 가지 자계自戒 의식을 치른다. 교만과 자만이 마음속에서 고개를 쳐들 때마다 그 즉시 반성하고 스스로에게 용서를 구하는 것이다.

예를 들어 누군가에게 거만한 태도를 보였다거나 잘난 척 말했을 때, 또는 스스로 노력이 부족했다고 느낄 때에는 그날 밤이나 다음 날 아침에 세면대 거울을 들여다보며 '이 어리석은 놈!' 하고 스스로를 엄하게 꾸짖었다. 그러고는 이어서 고해성사를 하듯 '신이시여, 죄송합니다' 하고 반성의 말을 되뇌었다.

이렇게 반성을 하고 스스로를 돌아보면서 내일부터는 다시 겸허한 자세로 살아가자고 굳게 다짐한다. 이것을 젊을 때부터 줄곧 해오자 지금은 습관처럼 몸에 완전히 배었다. 이 습관 덕분에 나는 지금껏 인생을 살아오면서 정도正道에서 벗어나는 일을 하지 않을 수 있었다.

좋은 것만 생각하고 좋은 행동만 하려고 노력해도 의도치 않게 잘못을 저지르는 경우도 있기 마련이다. 그럴 때마다 겸허하게 반성하는 자세가 중요하다. 반성을 통해 조금씩 향상되어가는 나를 발견할 수 있다.

오늘 자신이 한 일을 겸허히 반성하고 내일부터는 새롭게 거듭날 것을 마음속으로 맹세하라. 그런 하루하루를 보내야 우리는 일에서도 실패를 피할 수 있을 뿐만 아니라 마음까지도 깨끗이 갈고닦을 수 있다.

●

열심히 일하면

하루하루 남모를 기쁨과 즐거움이 인생에 다가온다.

마치 긴 밤이 지나고 새벽이 밝아오는 것처럼,

기쁨과 행복이 고생 저편에서 얼굴을 들며 인생을 비춘다.

이것이 일을 통해 얻는 인생의 참모습이다.

2장

일을 사랑하는가

어떤 한 가지를 깊이 연구하고 끝까지 파헤치는 과정을 통해 세상사의 본질에 눈뜨게 된다. 깊이 연구하고 끝까지 파헤친다는 것은 그것에 마음과 영혼을 바쳐 핵심을 파악한다는 의미이기도 하다.

하찮아 보이는 일이라도 주어진 일을 천직이라 생각하고 몸과 마음을 다해 달려들어보라. 끊임없는 노력을 계속하다 보면 반드시 진리와 만나게 된다. 일단 세상사의 본질을 이루는 진리를 알면, 어떤 일에서도 자신의 능력을 자유롭게 발휘하는 경지에 오를 수 있다.

마음가짐부터
바꿔라

20대 초반 시절의 나는 특별할 것이 없었다. 그저 어디에서나 볼 수 있는 흔한 젊은이였다. 특출한 재능도 없었고 집이 부유한 것도 아니었다. 당장 취업해 돈을 벌어 먹고 사는 게 인생의 목표였다. 당시 나는 모든 일에 흥미가 없고 금세 지쳐버리기 일쑤였다. 더구나 내가 좋아하는 일이 아니면 관심조차 두지 않았다.

그랬던 청년이 어떻게 60년이라는 세월 동안 한 분야에서 일하며 살아올 수 있었을까? 그 이유는 내가 스스로 내 일을 좋아하려고 애썼기 때문이다. 마음가짐 하나만

바꿨을 뿐인데, 나를 둘러싸고 있던 세상이 극적으로 변화했다.

앞서 말했듯 나는 처음부터 파인세라믹을 연구하고 싶었던 게 아니었다. 당시 대학에서 가장 인기 있었던 유기화학을 전공했지만, 경기 불황으로 실업난이 극심했던 시기라 좀처럼 취업이 되지 않았다. 지방대생 신분으로 번듯한 직장에 들어가는 건 낙타가 바늘구멍에 들어가는 것만큼 힘들었다.

결국은 교수님의 도움으로 고압초자를 만드는 무기화학 계열의 제조 회사인 쇼후공업에 겨우 입사했다. 내가 공부한 분야와는 전혀 다른 일이었음에도 그런 시기에 취업을 할 수 있다는 점에 감사했다. 적어도 입사 초기에는 그랬다.

쇼후공업에 입사한 당시 내가 소속된 연구소는 직원이 대여섯 명밖에 되지 않았다. 그리고 나를 제외한 다른 연구원들은 회사의 중책 사업이었던 초자 재료인 자기磁器를 개선하는 일에 몰두하고 있었다. 회사는 '앞으로 전자공학 산업 분야에 고주파 절연재료가 틀림없이 필요해질 것이다'라는 판단으로, 신입이었던 내게만 새로운 세라믹 재료

(나는 이것을 후에 '파인세라믹'이라고 명명했다)를 개발하는 연구를 맡겼다.

입사하고 나서야 알았지만, 당시 회사는 망하기 일보직전이었고 내가 하던 연구 개발은 무의미한 일에 불과했다. 회사에서는 세라믹을 재료로 만든 고주파 절연재료가 회사의 성장을 이끌 새 동력이 될 것이 분명하기 때문에 내가 맡은 연구가 매우 중요한 일이라 격려해주었지만, 말과는 달리 관심과 지원은 턱없이 부족했고 같은 해 입사한 동기 중 나 홀로 연구소에 배치되었다. 심지어 당시 파인세라믹 분야는 어느 회사도 성공시키지 못한 분야였다. 상사 한 명 없이 신입사원인 내게 그 일을 맡긴 것은 연구소 내 다른 직원들의 뒤치다꺼리나 하라는 뜻으로 여겨졌다.

파인세라믹 개발은 미지의 분야였기 때문에 일본에서는 참고할 만한 문헌이나 자료를 찾기도 힘들었다. 게다가 회사의 자금 사정도 좋지 않아서 연구 설비도 제대로 갖추어져 있지 않았고 상사나 선배도 없이 이 모든 연구를 혼자 해나가야 했다. 그런 열악한 환경에서는 도무지 내 일에 애정을 갖기가 어려웠다. 회사가 나를 골탕 먹이는 게 아닐까 하는 생각까지 들었다.

하지만 이곳에서 일하는 것밖엔 달리 방법이 없었기 때문에 마음가짐을 바꾸기로 결심했다.

'지금 내가 맡은 일에 열중해보자. 방법은 그것뿐이다!'

물론 생각처럼 금세 일이 좋아지지는 않았다. 하지만 적어도 이 일을 하기 싫다는 부정적인 감정만큼은 마음속에서 몰아낼 수 있었고, 내게 주어진 일에 온 힘을 쏟아붓기로 결심할 수 있었다. 지금 돌이켜보면 그러한 나의 다짐은 '일이 좋아지도록 최선을 다해보자'는 노력이 있었기에 가능했던 것 같다. 하지만 당시에 나는 그런 의식조차 하지 못했다.

파인세라믹에 대한 기초 지식도 없었기에 우선은 대학교 도서관에 가서 기본서부터 들여다봐야 했다. 복사기도 없던 시절이어서 관련 업계의 신문과 잡지, 그리고 대학에서 정기적으로 발간하는 간행물을 과거에 발행한 호까지 샅샅이 살펴보고 중요한 부분을 찾아 부지런히 노트에 베껴 적었다. 월급도 제때 받지 못했지만 호주머니를 탈탈 털어 비싼 연구 서적을 구입하고, 미국 세라믹협회 논문을 구해 사전을 끼고 번역하면서 파인세라믹에 관한 기초 지식을 습득했다.

그렇게 얻은 정보를 바탕으로 실험을 하고, 겨우 문제 해결에 실마리를 찾아내 새로운 실험에 적용해가며 지식을 쌓았다. 당시 나의 일은 그런 착실한 작업의 반복이었다.

내 일은 따분하기 이를 데 없었다. 연구소 안에서 실험을 하고 다시 도서관으로 달려가 공부를 하는 일이 매일 반복되었다. 하지만 그러는 동안 어느새 나는 파인세라믹의 매력에 푹 빠져들었다. 파인세라믹이라는 소재가 엄청난 가능성을 갖고 있다는 사실도 차츰 알게 되었다. 파인세라믹 연구에 목숨을 바쳐도 좋을 것이라는 생각까지 들기 시작했다.

'파인세라믹에 대해 연구하고 있는 사람은 대학에도 없을 것이다. 어쩌면 전 세계에서 나 하나뿐일지도 모른다. 내가 하는 이 일은 그만큼 가치 있는 일이다.'

이런 생각을 품자 반복되는 실험과 단조로운 연구도 빛나 보일 정도로 근사하게 느껴졌다.

반쯤은 억지로 맡아 어쩔 수 없이 시작한 일이었지만, 마침내 적극적으로 몰두할 만큼 일이 좋아졌고, 더 나아가 좋고 싫고의 차원을 훨씬 뛰어넘어 깊은 의의마저 느끼게 되었다. 나는 이 경험을 통해 '천직'은 우연히 만나는 것이 아니라 스스로 만들어내는 것이란 사실을 깨달았다.

사랑받고 싶다면
먼저 사랑하라

한 번이라도 사랑에 빠져본 사람이라면 잘 알 것이다. 사랑을 하는 사람은 주위 사람들이 놀랄 만한 일을 아무렇지도 않게 해낸다는 것을. 또 사랑하는 사람을 위해서라면 기적이라도 이룰 수 있다는 것을 말이다. 그러고 보면 사랑은 사람을 위대하게 만드는 묘약과도 같다.

사랑에 빠지면 오직 그 사람만 눈에 들어온다. 그 사람을 만날 때마다 가슴이 들뜨고, 자신이 세상에서 가장 행복한 사람이 된 것 같은 기분을 느끼기도 한다. 주위가 아무리 시끄러워도 그 사람 목소리만 들리고, 그 사람을 얼른 만나고 싶은 마음에 밤에 잠이 잘 오지 않기도 한다.

20대 후반, 나는 마치 사랑하는 연인을 대하듯 일을 대했다. 그만큼 일에 흠뻑 빠져들었다. 하루 종일 일만 생각했고, 꿈속에서도 연구를 하고 공부를 할 정도였다.

스물일곱 살, 교세라를 창업할 즈음의 일이었다. 당시에 나는 파인세라믹 제품을 개발하느라 그야말로 눈코 뜰 새 없이 바쁜 나날을 보내고 있었다. 그런 와중에도 일요일에는 짬을 내어 마음이 맞는 여성과 영화를 보러 가기도 했다. 영화를 보고 그녀를 집에 바래다줄 때 전철을 타고 그대로 집 근처까지 가면 편한데도, 우리는 일부러 한 정거장 전에 내려 도란도란 이야기를 나누며 먼 길을 걸었다. 그녀와 조금이라도 더 얼굴을 마주할 수 있다는 것이 마냥 행복했다. 주위에서 실없이 웃고 다닌다고 미친 사람 취급해도 개의치 않았다. 미치지 않고서야 어떻게 사랑을 할 수 있겠는가.

매일 밤늦게까지 일을 했기 때문에 몸은 늘 천근만근이었다. 그럼에도 그녀와 함께 먼 길을 걸어가는 것이 조금도 힘들지 않았다. 아니, 힘들기는커녕 너무 즐거워서 오히려 힘이 더 솟는 기분이었다. '사랑하는 사람에게 가는 길은 아무리 멀어도 가깝게 느껴진다'라는 말이 있는데, 그제야 나는 비로소 그 말에 절실히 공감했다.

일도 마찬가지다. 일과 사랑에 빠져, 일하는 그 순간이 너무 행복해야 한다. 아무 이유 없이 내가 하는 일이 너무 좋아야 한다.

"왜 그렇게 어렵고 까다로운 일을 하세요?"

"해봤자 회사에서 알아주는 것도 아니고 돈을 더 받는 것도 아닌데, 왜 그렇게 열심히 하세요? 그냥 돈이 더 되는 일을 해보는 건 어때요?"

다른 사람들이 이렇게 말해도 자신이 그 일을 진심으로 사랑한다면, 남들의 의견 따위는 전혀 상관없을 것이다. 그 일이 좋고, 그 일을 함으로써 내가 이 세상에서 가장 행복하게 느껴진다. 그리고 그 일이 세상 그 무엇보다 소중하다.

나 역시 일을 사랑하고 일에 흠뻑 빠졌기 때문에 오랜 세월 동안 쉽지 않은 일을 계속해올 수 있었다. '일을 진심으로 사랑하는 마음'은 내 삶의 원동력이자, 힘들고 어려운 고비를 헤쳐 나갈 수 있는 힘이었다.

내가 좋아하는 일이라면 어떤 어려움도 견뎌낼 수 있

다. 좋아하기 때문에 그 일을 당연하게 받아들인다. 그러면서도 더 많이 해주고 싶어진다. 지금 자신이 하는 일을 좋아하고 사랑하는 것, 이런 마음가짐이 그 일의 성공과 인생을 결정한다고 해도 과언이 아니다.

가치 있는 인생을 살아가려면 '좋아하는 일'을 해야 한다고 말하는 사람이 많다. 좋아하는 일을 해야 일의 능률도 오르고 성취감도 더 크다는 이유에서다. 하지만 자신이 좋아하는 분야를 미리 알고 그 일을 선택해 자신의 평생 직업으로 삼는 사람이 과연 몇이나 될까? 1000명에 한 명, 아니 1만 명 중 한 명도 채 되지 않을 것이다. 설령 희망하던 회사에 들어간다고 해도 자신이 원하는 부서에 배치되어 원하는 업무를 맡는 사람도 거의 없다.

그렇다면 1만 명 중 9999명은 불행하고, 좋아하지도 않는 일을 억지로 하기 때문에 일의 능률이 떨어진다고 봐야 할까? 그렇지 않다. 오히려 자신이 좋아하지 않는 분야에서 출발했지만, 그 분야에서 두각을 나타내는 사람이 크게 성공할 수 있다.

어쩌면 거의 모든 사람이 인생의 중요한 출발을 '좋아하지 않는 일'을 맡으며 시작하는 게 아닐까? 하지만 문제는 많은 사람이 '내가 좋아하지 않는 일'을 하고 있다며 스스로를 비하하고, 마지못해 계속한다는 사실이다. 주어진 일에 불만을 품고 탄식과 불평만 쏟아낸다.

왜 자신이 가진 잠재력을 의심하면서 아까운 인생을 헛되이 보내는가?

좋아하지 않는 일은 낯설고 어렵기 마련이다. 예상대로 흘러가지도 않고, 예상대로 흘러간다고 해도 너무나 힘들고 지긋지긋하다. 사소한 일을 해도 불만만 앞서고, 한순간이라도 빨리 그 일에서 손을 떼고 싶을 것이다. 그러나 그 일을 사랑한다면 그 일을 하고 있는 것만으로도 행복하고, 그 일과 마주하는 것만으로도 힘이 불끈 솟는다. 그 일을 좋아하고 사랑할수록 전에는 보지 못한 무궁무진한 가능성을 그 일에서 찾아낼 수 있다.

자신에게 주어진 일을 천직이라 생각하고 즐겁게 일해야 한다. 누군가에게 지시받아서 어쩔 수 없이 일하고 있다는 생각을 버리지 않는 한, 일하는 고통에서 영영 벗어날 수 없다. 나는 일터에서 만난 사람들에게 이렇게 말한다.

"자신이 좋아하는 일을 찾기보다는, 우선 주어진 일을

좋아하려는 마음부터 갖길 바랍니다."

자신이 좋아하는 일을 찾는 건, 어쩌면 손에 잡히지 않는 파랑새를 쫓아다니는 것과 다를 바 없다. 환상을 좇기보다는 눈앞에 놓인 일부터 좋아하려고 노력하는 자세가 훨씬 중요하다. 일을 좋아하고 사랑하면 어떤 고생도 마다하지 않게 되고, 노력을 노력이라 여기지 않으며, 일에 온전히 집중할 수 있게 된다. 일에 완전히 몰입하면 저절로 추진력도 붙는다. 추진력이 붙으면 성과도 좋게 나타나고, 덩달아 주변 사람들로부터 좋은 평가도 받게 된다. 주위에서 칭찬해주면 내가 하는 일이 더 좋아지고 그 일에 더 집중하게 되는 선순환 효과를 누릴 수 있다.

바로 이렇게 우리 인생에 선순환이 시작된다. 그러니 우선은 지금 하고 있는 일이 좋아지도록 강한 의지로 끝없이 노력하라. 다른 방법은 없다. 그러면 자연히 인생도 풍요로워질 것이다.

작은 일에도
크게 감동하라

아무리 일을 좋아하고 사랑한다고 해도, 마치 수도승이 고행을 하듯 힘든 일만 계속해서는 결코 그 일을 오래 할 수 없다. 일을 하는 과정 속에서 기쁨을 발견할 수 있어야 일도 오래 할 수 있는 법이다. 개인적으로 나는 연구가 잘 진행되면 순수하게 기뻐하고, 누군가가 성과를 칭찬해주면 온 마음을 다해 감격했다. 그런 기쁨의 감정을 원동력으로 삼아 더욱 일에 몰두할 수 있었다.

사회인이 되고 2년이 지나던 해의 일이다. 매일 그러하듯 열심히 실험 결과를 측정하고 있을 때였다. 당시 교토에서 명문 고등학교를 졸업했으나 가정 형편이 어려워 부득이하게 취업 전선에 뛰어든 한 청년이 내 연구 보조로 일을 하고 있었다. 그는 일머리가 꽤 있는 편이어서 나는 매일 청년에게 실험 데이터를 측정하는 일을 맡겼다. 내가 '이 재료는 이런 특성을 낼 거야' 하고 예측한 후 실험을 하면, 그 청년이 데이터를 측정해 내게 알려주었다.

나는 선천적으로 좀 단순한 면이 있어서, 실험을 해 생각한대로 결과가 나오면 기뻐서 어쩔 줄 몰라 하며 펄쩍펄쩍 뛰었다. 남들이 보기에 경망스럽다고 이야기할 정도였다. 그런데 그 청년은 늘 그런 내 모습을 옆에서 차가운 눈빛으로 바라보았다.

그러던 어느 날이었다. 머리에 냉수를 뒤집어쓴 것 같이 충격적인 일이 일어났다. 여느 때처럼 나는 펄쩍 뛸 듯이 기뻐하며 데이터를 측정하고 있는 그에게 말했다.

"자네는 이 결과가 기쁘지 않나?"

그는 나를 흘끗 보더니 이렇게 대답했다.

"죄송한 말씀이지만, 저는 그 정도로 기쁘진 않습니다. 이미 그럴 것이라 예측하고 실험했는데 그게 그렇게 좋아할 일인가요. 당연한 결과이지요. 게다가 남자가 그렇게 펄쩍 뛰면서 기뻐할 일이 평생에 몇 번이나 되겠습니까. 좀 경박하다고 할까, 제가 보기엔 너무 가벼워 보입니다. 이런 말씀 드리기 죄송하지만 저는 그런 성향이 아니라 함께 기뻐해드리기 어렵습니다."

그 말을 듣고 등골이 서늘해졌다. 물론 그의 말은 충분히 이성적이었다. 그렇지만 나는 그의 말을 납득하기 어려웠다. 당황스러운 마음을 가라앉히고 이렇게 대답했다.

"자네의 말이 무슨 의미인지 잘 알겠다마는 그래도 자네가 꼭 알았으면 하는 게 있어. 소소한 일에도 기쁨을 느끼고 감동할 줄 아는 것이야말로 세상에서 가장 멋진 일이지. 단조롭고 반복적인 우리의 연구를 지치지 않고 계속해나가려면, 좋은 결과가 나왔을 때 있는 그대로 솔직하게 기뻐할 줄 알아야 해. 그 기쁨과 감동이 새로운 에너지를 주는 법이니까. 특히 연구비도 적고 설비도 제대로 갖추어지지 않은 환경에서 연구를 계속해야 하는 우리는 사소한 일에서라도 기쁨을 찾아야 새로운 용기를 불러일으킬 수 있어. 자네가 아무리 내게 경박하고 가벼워 보인다고 말해도, 나는 앞으로도 계속 작은 성공을 충분히 기뻐하면서 내 일에 매진할 걸세."

하지만 아쉽게도 내 말은 그의 마음에 닿지 않았고, 결국 청년은 2년 후에 조용히 회사를 그만두었다. 그가 내 말을 이해하고 함께 일했더라면 어땠을까 하는 생각이 든다.

나는 좀 더 많은 사람이 일을 하면서 사소한 일에도 기쁨을 느끼고, 감동하는 마음을 있는 그대로 솔직하게 표현하며 살아가기를 바란다. 그러한 감동에서 샘솟는 에너지를 양식으로 삼아 더욱 열심히 일하는 자세야말로 기나긴 인생을 강인하게 살아가는 가장 지혜로운 방법이라고 확신한다.

제품을 끌어안고
잠들 만큼의 애정으로

'내가 만든 제품을 끌어안고 싶다!' 나는 제품을 개발하면서 항상 이런 생각을 한다.

자신이 하는 일과 자신이 만든 제품에 그만큼의 애정을 쏟지 않으면 결코 만족할 만한 결과를 낼 수 없다. 내 일에 애정을 쏟지 않는다면 그것은 내 일을 하는 게 아니라, 남의 일을 대신해주는 것에 불과하기 때문이다.

간혹 '일은 일, 나는 나'라고 딱 선을 긋고 마치 더치페이를 하듯 공과 사를 명확하게 구분하며 일하는 사람들이 있다. 퇴근 후 아주 급한 사안이 생겨 연락을 하면 "지금은 업무 시간이 아니니 처리하기 어렵습니다"라고 말하며 일을 거절하는 사람도 있다.

그런 사람들에게 '모든 것을 잊고 자기 일에 미쳐보라'는 내 말이 고리타분하게 들릴 수 있다는 점을 잘 알고 있다. 하지만 누구나 경험해봤듯이, 자기가 좋아하는 일을 할 때는 시간 가는 줄 모른다. 시간이 왜 그렇게 빨리 갔는지 모를 정도로 그 일에 몰두하기 때문이다. 싫어하는 일을 하면 1분도 열 시간 같은데, 좋아하는 일을 하면 열 시간을 해도 1분보다 짧게 느껴진다.

그런 일을 끝내고 일어났을 때의 흥분과 쾌감은 다른 무엇과도 비교할 수 없다. 오랜 시간 그 일에 매달려도 기분은 오히려 상쾌하다. 더구나 그것이 자신에게나 남들에게 보람 있는 일이라면 그 기쁨은 갑절이 될 것이다.

그러니 지금 하고 있는 일을 그 무엇보다 더 좋아해보라. 그 일에 흠뻑 빠져보라. 그러면 퇴근 시간에 집에 가는 것조차 아깝게 느껴질 것이다. 남들이 알아주지 않아도, 밤새워 그 일에 매달려도 하나도 힘들지 않을 것이다. 내가 그 일이 되고 그 일이 내가 된 것 같은 기분. 그런 과정을 거쳐 이룬 성과 앞에서는 누구라도 어린아이처럼 뛸

듯이 기뻐할 것이다.

남들이 보기에 그 일이 사소하더라도 자신에게는 더없이 흐뭇할 것이다. 그 짜릿한 쾌감을 일에서 느껴보기 바란다.

교세라를 창업하고 얼마 지나지 않았을 무렵, 방송기기용 진공관을 냉각하는 '수냉식 사관'이라는 기기를 만든 적이 있었다. 기존에 수냉식 사관을 생산하던 기업에서 관련 기술자가 그만두는 일이 발생하자, 교세라에 사관을 만들 수 있겠느냐고 요청이 들어온 것이었다. 그런데 당시 교세라에는 그런 제품을 제조하는 노하우는 물론, 제품을 제조할 만한 생산 설비도 없었다. 더구나 사관을 만들 수 있는 여력이 있다고 해도 작은 파인세라믹 제품밖에 만들어본 적 없는 교세라에게 수냉식 사관은 너무 큰 제품이었다.

직경 25센티미터, 높이 50센티미터에 달하는 큰 관을 만들고, 그 관 속을 작은 냉각관이 통과하게 해야 하는 등 구조도 매우 복잡했다. 재료 역시 교세라가 다루어본 적 없는 재료인 올드세라믹, 즉 도자기를 써야 했다.

그런데도 나는 제품 개발을 의뢰한 회사의 열의에 마음

이 끌려, 왜 교세라에 사관 제작을 주문했는지 묻지도 않고 "할 수 있습니다!"라고 대답해버렸다. 일단 주문을 받으면 거절하지 않고 도전하는 것이 내가 정한 원칙이었다. 우리 회사에 제품을 요청했다는 것은 그만큼 우리 회사의 능력을 믿고 있다는 뜻이기 때문이다.

나는 무조건 하겠다고 선언했다. 애초에 우리 회사의 규모나 설비로는 불가능하다고 생각했다면, 그 회사 대표를 만나지도 말았어야 했다. 제안을 받고 승낙한 이상 어떤 수단과 방법을 써서라도 약속한 제품을 만들어야 한다. 할 수 없다고 생각하면 아무것도 할 수 없지만, 할 수 있다고 믿으면 아무리 컴컴한 어둠 속에서도 반드시 길은 보이는 법이다.

사실 말은 쉬웠지만, 그 제품을 만들기 위해 나를 포함한 교세라 직원들 모두가 정말 많은 고생을 했다. 원료는 일반 도자기와 같은 점토를 사용했지만, 아무래도 크기가 너무 크다 보니 제품 전체를 균일하게 건조시키기가 어려웠다. 처음에는 건조 과정 단계에서 백이면 백 얼룩이 생기고 제품에 금이 가, 앞서 성형에 기울인 모든 노력이 물거품이 되기 일쑤였다.

건조 시간이 너무 긴 탓일지도 모른다는 생각에 시간을 단축할 궁리도 해봤지만, 역시 금이 가는 것을 막을 수는 없었다. 수백 번의 시행착오 끝에 나는 아직 다 건조되지 않아 말랑말랑한 상태의 제품을 헝겊 조각으로 감싸고, 그 위에서 수증기를 뿌려 서서히 전체를 균일하게 건조시키는 방법을 고안해냈다.

그러나 한 가지 문제가 해결되었다 싶으면 그다음 단계에서 또 문제가 생겼다. 제품이 너무 커서 건조시키는 데 오랜 시간이 걸리자, 이번에는 제품 자체의 무게 때문에 형태가 허물어졌다. 그렇게 실험에 실험을 거듭하며 고민하다 보니, 이제는 "이 사관을 끌어안고 자자"라는 말이 나올 정도였다.

나와 교세라 개발팀 직원들은 화로 근처 온도가 적당한 자리에 누워 사관을 가슴에 안고 밤새 그것을 천천히 돌려가며 모양이 허물어지지 않도록 막아보았다. 만약 다른 사람들이 이 광경을 보았다면 아마도 정신이 나가도 한참 나간 모양이라고 손가락질할 게 분명했다. 하지만 나는 어떻게 해서든 이 제품을 제대로 만들겠다는 일념 하나로, 마치 자식을 돌보는 부모의 마음으로 내 모든 열의와 애정을 쏟았다.

이렇게 궁리해보고 저렇게도 궁리해본다는 것은 그만큼 생각해볼 여지가 충분하다는 것이 아니겠는가. 아무리 무모한 짓이라 해도, 할 수 있는 한 끝까지 해봐야 한다. 그러지 않고 안 된다고 자포자기하는 것만큼 어리석은 것도 없다.

그렇게 며칠 밤을 보내자 사관을 안고 있는 일이 꽤 자연스러워졌고, 건조할 때 금이 가는 문제도 조금씩 해결되었다. 무모하고 어리석은 짓도 통하는가 싶었다. 하긴, 처음 교세라를 세우고 지금의 위치에 이른 것도 무모하고 어리석은 짓이 쌓이고 쌓인 결과가 아니던가.

제품을 안고 잔다는 것이 요즘 사람들이 보기엔 위험하고 무모한 방법일지도 모른다. 더구나 지금은 '최소한의 노력으로 최대한의 효과를 얻는 게 최고의 미덕'이라 여기는 분위기가 만연해 있으니, 과거에 내가 했던 방법이 꽤나 미련스럽게 보이는 것이 당연할 것이다.

그러나 나는 확신한다. 자신의 손을 흙투성이, 기름투성이로 만들면서 일하고 싶지는 않다고 해도, '자신이 만든 제품을 품에 끌어안고 잘' 정도의 애정으로 맡은 일을 대하지 않고서는 어려운 주제나 새로운 과제에 도전하는 일의 참맛을 알지 못한다는 것을. 자신의 능력으로는 터무니없는 일이라며 지레 포기하는 사람은 땀이 얼마나 소중한지 알지 못한다. 그런 사람은 그 일을 이루어냈을 때 마음속 깊은 곳에서 우러나오는 기쁨을 결코 맛볼 수 없다.

●

제품이 우는 소리에
귀를 기울여라

●

자신이 하는 일을 진심으로 사랑하면 무언가 문제가 발생했을 때 남들보다 먼저 그 해결 방법을 찾아낼 수 있다.

제품을 만들다 보면 합격률이 좀처럼 향상되지 않아 벽에 부딪치는 일이 종종 발생한다. 합격률이 높다는 것은 달리 말해 불량품이 적다는 뜻이기도 하다. 쇼후공업을 나와 교세라를 세웠을 때도 가장 신경 쓴 부분이 불량품의 비율을 최소화하는 것이었다. 불량품이 나온다는 건 생산 공정 어딘가에 문제가 있다는 뜻이므로, 그럴 때마다 나는 모든 일을 제쳐두고 제조 현장으로 달려갔다. 그러고는 애정을 듬뿍 담아 겸허한 시선으로 제품을 꼼꼼히 관찰했다.

그렇게 하면 마치 신의 음성과도 닮은 '제품이 우는 소리'가 들렸다. 물론 제품이 실제로 울지는 않겠지만, 이 소리를 잘 들으면 제품에 불량이 나는 원인이 무엇인지, 어느 공정 혹은 어떤 기계에 결함이 생겨 불량품이 생산되었는지가 드러난다. '이 부분을 개선해보는 건 어떨까?' 하고 제품 또는 기계가 내게 문제 해결의 실마리를 귀띔해주는 것 같은 기분이었다.

이는 마치 환자의 몸 상태를 알기 위해 의사가 청진기로 환자의 심장 소리를 듣는 것과 비슷하다. 훌륭한 의사라면 심장이 뛰는 소리만으로도 심장박동수의 변화를 알아채고, 바로 그 자리에서 환자의 몸에 어떤 이상이 발생했는지를 감지한다. 이와 마찬가지로 나는 제품이 내는 소리에 귀를 기울여 그 세심한 부분에까지 집중함으로써 불량의 원인이나 실수 요인을 알아차렸다.

교세라가 만든 제품은 대체로 전자공학 분야에서도 크기가 매우 작은 제품이 많아서 불량품을 찾기가 상당히 까다로웠다. 당시에 나는 의사가 청진기를 목에 걸고 진

찰실에 들어가듯이 제조 현장에 늘 루페를 가지고 갔다. 루페는 휴대하기 편하게 만든 작은 렌즈로, 여러 개의 렌즈로 구성되어 있어서 렌즈를 한 개 빼내 들여다보면 다섯 배로, 두 장을 꺼내 겹쳐 보면 열 배의 배율로 확대해 볼 수 있었다.

나는 항상 루페를 가지고 다니며 완성된 제품을 하나하나 쓰다듬듯이 조심스럽게 관찰했다. 언뜻 보기에 완벽해 보이는 제품이라도 루페로 들여다보았을 때 작은 결함이라도 발견되면 그 제품은 가차 없이 불량품으로 분류했다. 특히 파인세라믹은 순백이 아니면 안 되기 때문에, 깨알보다 작은 점이라도 발견되면 그 즉시 폐기 처리해야 한다.

루페를 한 손에 들고 제품을 꼼꼼히 관찰하는 것, 이것은 '제품이 우는 소리'에 가만히 귀 기울이는 나만의 방식이다. 만약 불량품이 발견되면, 즉 제품에서 우는 소리가 들리면 '이 아이는 대체 어디가 아파서 우는 걸까?', '이 상처는 어디서 난 걸까?'라는 생각이 들 만큼 걱정스럽고 가슴이 아팠다. 그렇게 제품 하나하나를 마치 자식 들여다보듯이 애정을 담아 관찰하다 보면 불량품을 줄일 힌트를 찾을 수 있다.

한번은 쇼후공업에서 이런 일도 있었다. 파인세라믹은 원료의 분말을 뭉쳐 형태를 만들고, 그것을 소성로에 넣어 구워낸다. 도자기는 약 1200도에서 굽는데, 파인세라믹은 1600도에서 구워야 단단해진다. 1200도에서는 연기가 붉은색을 띠지만 1600도라는 고온의 세계에서는 불빛의 색깔이 달라진다. 보는 순간 눈을 찌르는 듯한 통증이 느껴질 정도로 눈부신 백색을 띤다.

형태가 갖춰진 파인세라믹을 1600도에서 구우면 제품이 조금씩 수축한다. 수축률이 클 때는 크기가 20퍼센트 정도 줄어드는데, 이 수축도 균일해야 한다. 조금이라도 고르지 않으면 불량품이 되고 만다. 또한 판 모양의 파인세라믹 제품을 구우면 처음에는 제품이 이쪽저쪽으로 휘거나 말려 올라가 마치 마른 오징어를 구운 것처럼 뒤틀어지기도 한다. 대체 왜 이렇게 휘는 건지 수없이 공부했지만 그 원인을 알려주는 연구 문헌이 없었다. 그 때문에 나는 내 나름대로 여러 가설을 세워 실험할 수밖에 없었다.

그러던 중 원료를 금형에 넣어 찍어내면 윗면과 아랫면

의 압력이 서로 달라서 원료 분말의 충진 밀도가 달라진
다는 사실을 알아냈다. 실험을 거듭한 결과, 밀도가 낮은
아랫면이 더 많이 수축되기 때문에 한쪽으로 휘어졌던 것
이다. 하지만 휘어지는 현상의 메커니즘을 알아냈어도 좀
처럼 분말의 밀도를 일정하게 할 수가 없었다.

그래서 대체 어떻게 휘는지 그 모습을 지켜보려고 소성
로 뒤에 구멍을 뚫어 안을 들여다보았다. 어느 정도의 온
도에서 어떻게 휘어지는지 그 변화를 눈으로 관찰하기 위
해서였다. 고온의 소성로에 구멍을 뚫고 그 안을 들여다
본다는 것은 위험천만한 일이었다. 자칫하면 고온에 눈이
멀 수도 있었다. 그러나 그 안을 들여다보지 않고는 못 배
길 지경이 된 나는 기어코 구멍을 뚫고 말았다. 어떻게든
완벽한 제품을 만들겠다고 마음먹은 이상, 눈이 멀 수도
있다는 생각은 안중에도 없었다.

구멍 안을 들여다보자, 역시 온도가 상승하면서 파인세
라믹 판이 차츰차츰 휘어졌다. 조건을 바꾸어 여러 차례
실험을 할 때마다 살아 있는 생명체처럼 파인세라믹 판이
이리저리 뒤집혔다. 그 모습을 보면서, 더는 참지 못하고
그 구멍 속으로 손을 집어넣어 휘어지지 않게 위에서 꾹

누르고 싶다는 충동에 사로잡혔다.

물론 마음은 굴뚝같더라도 그럴 수는 없었다. 1600도에 육박하는 소성로에 손을 집어넣었다가는 손이 순식간에 녹아버리고 말 것이었다. 그 사실을 잘 알면서도, 나는 소성로에 손을 집어넣을 뻔했을 만큼 어떻게든 이 문제를 해결하고 싶었다. 간절했다. 고온에서 이리저리 휘어지는 제품을 보며 얼마나 속이 상하고 애가 탔는지 모른다.

그때였다. 소성로에 손을 집어넣어 누르고 싶은 충동이 일어난 바로 그 순간이었다.

'그래! 고온에서 휘어지는 게 문제라면 고온에서 구울 때 휘어지지 않도록 열에 강한 무언가가 위에서 눌러주면 되지 않을까?'

이런 생각이 떠올랐던 것이다. 사실 너무나 간단한 방법이어서, 그걸 이제야 생각했다는 것이 의아할 정도였다. 서둘러 내화성이 강한 누름돌을 제품 위에 올려놓고 소성해보기로 했다. 그 결과, 놀랄 만큼 완벽하게 평평한 제품이 완성되었다.

그랬다. 좋은 대학을 나온 것도 아니고, 유능한 상사도 없던 내가 모두들 어렵다고 꺼린 일을 너무나 간단한 아이디어 하나로 해결한 것이다. 그러나 그것은 내가 그 제품에 누구보다도 애정을 갖고 있었기에 떠오른 아이디어였다. 내가 하는 일에, 내가 만드는 제품에 애정이 없었더라면 그처럼 간단한 아이디어도 떠올리지 못했을 것이다. 세상의 모든 위대한 업적은 사소한 데에서 시작하고, 그 사소한 것에 애정을 갖는 사람만이 위대해지는 법이다.

지금 일이 막히거나 방법을 몰라 고민하고 있는가? 그렇다면 그 일에 애정을 갖고, 그 일과 연관된 상황들을 꼼꼼히 들여다보라. 그런 다음 그 일을 꼭 해내고야 말겠다고 간절히 기도하라. 그러면 반드시 문제를 해결할 수 있는 힌트가 귀에 또렷이 들려올 것이다. 그리고 마침내 높은 곳으로 뛰어오를 수 있는 확실한 발판에 발을 디디게 될 것이다. 일에 대한 애정만큼 유능한 스승은 없는 법이다.

스스로를 태우는
사람이 되어라

물질은 불에 가까이 대면 타는 가연성 물질, 불에 가까이 대도 타지 않는 불연성 물질, 스스로도 잘 타는 자연성 물질이 있다. 사람도 마찬가지다. 가연성 인간은 주변 사람들의 영향을 받아야만 행동하고, 불연성 인간은 좀처럼 타지 않을 뿐 아니라 다른 사람의 불씨까지 꺼버린다. 이에 반해 자연성 인간은 스스로 타올라 행동으로 옮긴다.

어떤 일이든 그 일을 끝까지 해내려면 스스로 타오르는 사람이 되어야 한다. 스스로 타오르기 위해서는 자신이 하고 있는 일을 좋아하는 동시에, 자신이 왜 그 일을 하는

지 명백한 목표를 지니고 있어야 한다. 나 같은 경영자라면 자신의 회사를 어떻게 운영해나갈 것인지 항상 생각해야 한다. 처음 사회에 나와 취업한 사회초년생이라면 자신의 미래를 상상해 꿈을 그리고, 하고 싶은 일과 이루고 싶은 목표를 생각하며 계획을 세워야 한다.

그러나 조직생활을 하다 보면 '이건 나와 상관없는 일이야'라며 타오를 생각도 하지 않고, 타는 것 자체를 거부하는 이들도 있다. 그들은 주변 사람들이 아무리 뜨거운 열의로 활활 타올라도 함께 타지 않을뿐더러 오히려 주변의 열기까지도 빼앗아버린다. 이런 얼음 같은 사람을 만나면 의욕이 충만한 사람들도 곤란한 상황에 빠진다.

기업이든 스포츠팀이든 뜨거운 열의가 없는 사람이 한 명이라도 있으면 그 한 사람 때문에 전체 분위기가 가라앉는다. 불연성 인간은 어렵거나 힘든 일을 귀찮아하며, 앞서 가는 것은 남들에게 찍히는 것이라고 믿는다. 그저 아무 탈 없이 편하게 지내기만을 바란다. 그 때문에 다른 사람들이 힘들어하는 모습은 외면하고 굳이 그런 데 신경 쓰려고도 하지 않는다.

'불연성 직원은 회사에 없어도 된다. 내가 다가가지 않아도 알아서 타오르는 자연성 직원으로 회사를 채우고 싶다. 그게 아니라면, 적어도 타오르고 있는 내가 다가갔을 때 마음이 통해 함께 타오를 수 있는 가연성 직원이라도 곁에 두고 싶다!'

불연성 인간이 가득한 회사는 결코 발전할 수 없다. 교세라가 지금처럼 세계적인 기업으로 우뚝 선 비결은 자연성 직원들이 많아서였고, 그들이 나와 한데 어울려 불을 키웠기 때문이다.

불연성 직원은 스스로 나서지 않는다. 왜 그 일을 해야 하는지 목적과 이유를 알지 못하기에 일의 속도도 더디고, 당연히 일이 제대로 될 리 없다. 업무 트러블이 자주 생기는 것도 자기 일에 대한 관심과 의욕이 부족하기 때문이다.

이에 반해 자연성 직원은 지시를 받기도 전에 스스로 알아서 적극적으로 일을 찾는다. 그를 보는 사람들이 덩달아 신이 날 정도다. 맡은 일은 누구보다 좋아하고, 이루고자 하는 책임감도 대단하다. 설령 일이 뜻대로 되지 않더라도 결코 불평불만하지 않는다. 그런 자연성 직원에 힘입어 가연성 직원들도 함께 타오른다.

"차분히 생각해보라. 당신은 스스로 타오르는 자연성 인간인가, 아니면 불이 닿아도 타지 않는 불연성 인간인가?"

회사를 비롯한 다양한 조직에서 일을 원활히 처리해나가기 위해서는 어떤 일이든지 열정적으로 임하는 사람이 필요하다. 그 사람은 자기가 중심이 되어 마치 상승기류가 치고 올라가듯 전 구성원을 이끌고 조직을 역동적으로 움직이게 한다. 나는 그렇게 자신이 먼저 적극적으로 일에 임하고 주변 사람들에게 동기를 부여해 일을 활기차게 진행하는 사람을 '소용돌이의 중심에서 일하는 사람'이라고 표현한다.

일이라는 건 결코 혼자서는 할 수 없다. 상사와 부하 직원을 비롯해 주변 사람들과 협력해야 비로소 좋은 성과를 달성할 수 있다. 자신이 프로젝트나 집단의 중심이 되지 않고 주변을 빙빙 돌기만 해서는 일의 진정한 기쁨을 느끼기 어렵다. 자신이 일이라는 소용돌이의 중심이 되어 적극적으로 주위를 끌어들여야 일의 진정한 묘미를 맛볼 수 있다.

'어떻게 해야 소용돌이를 일으킬 수 있을까?'

조직에는 남에게 부탁받지 않아도 무언가를 시도하려고 먼저 말을 꺼내는 사람이 반드시 필요하다. 이는 경력과 직급과는 아무런 관련이 없다. 직급이 낮아도 선배들을 모아 의견을 제시하고 먼저 말을 꺼내는 사람이 있다.

가령 회사 대표가 '올해 매출액을 전년보다 50퍼센트 늘린다'는 목표를 세웠다고 치자.

"사장님께서 올해 매출 목표를 작년보다 50퍼센트 늘리라고 지시하셨는데, 어떻게 하면 목표를 달성할 수 있을까요? 제 생각은 이렇습니다."

입사한 지 한 달도 안 된 신입사원이 부서 선배나 상사에게 이렇게 말한다면 그 부서 직원들은 어안이 벙벙할 것이다.

"들어온 지 얼마나 됐다고 그런 말을 하는 거야? 회사 사정을 알고나 하는 소리야?"

다들 핀잔부터 줄 것이다.

"신입사원은 부서 업무나 착실히 배우고 위에서 지시한 일이나 꼼꼼히 챙겨."

이런 말도 심심치 않게 나올 것이다.

그러나 내 생각은 다르다. 회사 물정을 잘 몰라도 회사를 위한 일이라면 서슴없이 의견을 제시하는 사람은 나이나 경험에 관계없이 '소용돌이의 중심에 있는 사람'이며, 장차 그 조직의 리더가 될 자격이 충분하다.

지시한 대로만 일하지 마라. 스스로 타오르지 않고 끌려만 다녀서는 아무 일도 제대로 해낼 수 없다. 설령 일을 마무리했다고 해도 만족감을 느끼지 못할 것이다.

남에게 지시를 받고 일하기보다는 그 일의 중심으로 들어가 리더가 되었다는 생각으로 일을 끌고나가라. 스스로 '소용돌이를 만들어간다'는 마음으로 일하라. 스스로를 활활 태울 수 있는 자연성 인간이 되어야만 일이 즐겁고, 놀라운 성과를 거두며, 인생 역시 더욱 알차고 풍요롭게 가꿀 수 있다. 그런 자연성 인간만이 성공할 자격이 있다.

●

지금 일이 막히거나 방법을 몰라 고민하고 있는가?

그렇다면 그 일에 애정을 갖고,

그 일과 연관된 상황들을 꼼꼼히 들여다보라.

그런 다음 그 일을 꼭 해내고야 말겠다고 간절히 기도하라.

그러면 반드시 문제를 해결할 수 있는 힌트가

귀에 또렷이 들려올 것이다.

3장

무엇을 꿈꾸는가

인생은 희망으로 가득 찬 멋진 선물이다. 그런 희망을 누리려면 '내게는 멋진 인생이 열린다'라고 자신에게 계속 속삭여야 한다. 불평불만을 일삼거나, 어둡고 우울한 기분에 젖어 있다거나, 더 나아가 다른 사람에 대한 원망, 증오, 시기 같은 감정을 품어선 안 된다. 이런 생각을 하는 것 자체가 인생을 어둡게 만들기 때문이다.

아주 단순한 일이지만, 미래에 대한 희망을 품고 밝고 적극적으로 행동하는 것이 일과 인생을 밝혀주는 첫 번째 조건이다.

●

2등이
꿈인 사람은 없다

●

교토시 나카교구 니시노쿄하라마치에 위치한 배전반 제
조회사의 허름한 창고. 그리고 그곳에 모인 스물여덟 명.
1959년 4월, 교토세라믹 주식회사는 그렇게 시작되었다.
쇼후공업에서 나를 믿고 따라와준 직원들과 영세한 기업
인데도 뜻을 함께해준 사람들은 최고 품질의 세라믹 제품
을 만들자는 각오로 그곳에 모였다. 그렇게 교토 변두리
에서 스물여덟 명이 시작한 교토세라믹 주식회사는 현재
직원 7만 명, 1년 매출액 16조 원에 달하는 세계적인 기
업 '교세라 주식회사'로 성장했다. 회사를 창업한 그때, 내

나이는 스물일곱 살이었다.

회사의 간판을 걸던 날, 나는 얼마 안 되는 직원들을 모아놓고 이렇게 포부를 밝혔다.

"여기 니시노쿄하라마치에서 1등 회사가 됩시다. 니시노쿄하라마치에서 1등이 되면 나카교구에서 1등이 됩시다. 나카교구에서 1등이 되면 교토시 1등이 됩시다. 교토에서 1등이 되면 일본에서 1등이 됩시다. 일본에서 1등이 되고 나면 세계 최고가 되는 게 우리의 목표입니다. 우리는 반드시 그렇게 할 수 있습니다."

하지만 현실은 이상과 달랐다. 세계 최고는커녕 동네 1등 회사가 되기도 어려웠다. 작은 마을이긴 했지만 당시 니시노쿄하라마치에는 훌륭한 회사가 여럿 있었다.

먼저, 역에서 내려 회사 건물까지 걸어오는 길에 자동차 정비 공구인 스패너와 렌치를 만드는 제작업체 교토기계공구가 있었다. 당시에는 자동차 산업이 한창 호황이었고 이에 힘입어 교토기계공구는 아침부터 밤까지 하루 종일 기계가 철컥이며 돌아갔다. 그곳에 있는 직원들의 표정도 한껏 상기되어 있었다.

물론 교세라 역시 마찬가지였다. 막 창업을 한 우리에

게는 '노력을 게을리하는 순간 내일은 없다'라는 위기감
이 팽배해 있었다. 모두가 의지에 불타 밤낮을 가리지 않
고 열심히 일했다. 그때 나는 '교토기계공구 규모의 회사
였다면 그렇게까지 애쓸 필요도 없겠지'라고 생각했다.

그런데 밤늦게 간신히 일을 마치고 집에 돌아가는 길
에 교토기계공구 앞을 지나가다 보면 그 시간까지 언제나
불이 환하게 켜져 있었고, 수많은 직원이 기운 넘치게 일
하고 있었다. 우리보다 훨씬 앞서가는 회사인데도 그렇게
까지 일을 하다니, 그들이 있는 한 니시노쿄하라마치에서
1등이 되는 일도 쉽지 않아 보였다.

그래도 나는 좌절하지 않고 니시노쿄하라마치에서 1등
회사가 되자고 직원들을 독려했다. 아직 동네에서조차
1등이 되지 못했음에도, 그다음에는 나카교구에서 제일
가는 회사를 만들자고 더욱 큰 꿈을 이야기하고 다녔다.

교토기계공구와 함께 나카교구에는 이미 교토를 대표
하는 제조회사로 발돋움하고 있던 시마즈제작소가 있었
다. 첨단 분석 장비를 전문으로 만드는 그 회사는 해당
분야에서 일본 최고일 뿐만 아니라, 지금은 일본이 자랑
하는 세계 최고의 기업이 되었다. 특히 2002년 시마즈제

작소의 평범한 대졸 연구원 다나카 고이치田中耕一가 노벨화학상을 수상해 더욱 화제가 된 곳이기도 하다. 교세라를 창업했을 당시 시마즈제작소는 교토기계공구와 함께 나카교구에서 제일가는 회사였다. 우리가 나카교구에서 1등 회사가 되려면 반드시 그 두 회사를 뛰어넘어야 했다.

물론 그러기 위해 확실한 계획이 있었던 것은 아니었다. 당시 교세라는 남들이 눈여겨볼 만한 규모의 회사가 아니었다. 기술적인 역량으로 봐도 나카교구에서 1등이 되자는 건 주제도 모르고 하는 소리였다. 하지만 아무리 주제 넘는 큰 꿈이라 해도, 혹은 까마득히 멀리 있는 꿈이라 해도 그 꿈을 단단히 가슴에 품고 눈앞에 놓인 일을 해나가야 한다. 허름한 창고를 빌려 쓰는 형편에도 나는 늘 "니시노쿄하라마치 1등, 나카교구 1등, 교토시 1등, 일본 1등 회사가 된다!"라는 말을 직원들에게 되뇌었다.

그렇게 줄곧 다짐을 품자 어느새 그 목표가 당연한 것처럼 여겨졌다. 이는 직원들에게도 마찬가지로 작용했고, 어느새 우리는 높디높은 목표를 공유하고 매일 끝없는 노력을 퍼부었다. 그런 하루하루가 교세라를 그 누구도 예상하지 못했던 위치까지 이끌어준 단단한 토대가 되었다.

그렇게 교세라는 창업한 지 1년 만에 큰 성과를 거두었고, 나카교구 사람들이 가장 부러워하는 회사로 성장했다. 교토기계공구와 시마즈제작소 직원들이 우리 회사로 견학을 올 정도였다. 그리고 나는 이 일을 통해 확신하게 되었다. 높은 목표는 인간과 조직을 발전시키는 최고의 원동력이 된다는 사실을.

●

꼭 이루겠다고
간절히 마음먹어라

●

교세라를 창업하고 얼마 지나지 않아, 마쓰시타 전기산업의 창업자인 마쓰시타 고노스케松下幸之助 회장의 강연장에서 들었던 말이 지금까지도 머릿속에 또렷이 남아 있다. 그리고 그 말은 내 경영 철학의 근간이 되었다. 어떤 외부 환경 변화에도 대응할 수 있는 안정된 경영 철학인 마쓰시타 회장의 '댐 경영'은 교세라가 세계적인 기업으로 성장할 수 있었던 원동력이 되어주었다.

교세라를 창업했을 때만 해도 나는 기술자였지 경영자는 아니었다. 직원으로 일할 때야 상관없었지만 회사를 이끌고 점차 그 규모를 키워나가기 위해서는 경영 철학을 세워야만 했다. 당시 나는 경영에 관해서라면 완전히 초보였기 때문에, 성공한 경영자에게 경영의 지혜를 전수받아야겠다고 생각했다. 그리고 마침내 내게도 기회가 찾아왔다.

마쓰시타 회장의 강연이 교토에서 열린다는 소식을 듣고 곧장 참가신청서를 냈다. '경영의 신이라 불리는 분은 어떤 마음가짐과 철학으로 경영을 할까?' 어서 듣고 싶은 마음에 가슴이 두근거렸다. 가난한 농촌 마을에서 태어나 남의집살이를 전전하던 소년이 굴지의 대기업을 키워내기까지, 그의 경험과 지혜가 초보 경영자였던 내게 반드시 필요했다.

강연 날에도 나는 밀린 업무를 처리하느라 늦게 강연장에 도착했다. 강연장은 이미 만석이었고 나는 맨 뒷자리에 서서 그의 강연을 들었다.

"경기가 호황일 때라고 해서 방만하게 경영을 해선 안 됩니다. 경기가 좋지 않을 때를 대비해 여유가 있을 때 미리미리 힘을 비축해두어야 합니다. 물을 막아두는 댐처럼 경기가 나쁠 때를 늘 준비하며 경영해야 합니다."

이어서 그는 이렇게 말했다.

"큰비가 쏟아져 그대로 강에 흘러 들어가면 강이 범람해 홍수가 일어납니다. 감당하지 못할 재해가 발생하는 것이지요. 하지만 댐을 지어놓고 이후 큰비가 왔을 때 비를 모아두었다가 필요할 때 방류하면 홍수를 막을 수 있습니다. 또 강물이 메마르는 일도 없어 물을 효과적으로 사용할 수 있지요. 댐 경영은 이렇게 치수(治水, 수리시설을 이용해 하천이나 호수 등의 범람과 가뭄의 피해를 막는 일 – 역자 주)에 관한 사고방식을 경영에 응용한 것입니다."

강연이 끝나고 질의응답 시간이 되었다. 뒤쪽에 앉아 있던 사람이 손을 번쩍 들고 말했다.

"강연 잘 들었습니다. 댐 경영으로 훗날을 대비해 여유 있게 경영해야 한다는 점도 잘 알겠습니다. 그런데 말입니다. 마쓰시타 씨가 그렇게 말하지 않아도 우리 중소기업 경영자들은 모두 그렇게 생각하고 있습니다. 그게 생각처럼 안 되니까 골치가 아픈 거지요. 어떻게 해야 훗날을 대비해 여유 있는 경영을 할 수 있는지, 그 구체적인 방법을 가르쳐주시지 않겠습니까?"

질문인지 항의인지 모를 발언이었다. 마쓰시타 회장은

잠시 당혹스러운 표정을 지으며 생각에 잠겼다. 그러고는 혼잣말처럼 "그렇게 하려고 마음먹으면 되지" 하고 중얼거리더니 그대로 아무 말이 없었다.

구체적인 답변이 아니었다고 생각되었는지 청중들 사이에서 실소가 터져 나왔다. 강연장이 순식간에 웅성거리는 소리로 가득해졌다. 세계적인 기업의 회장이라는 사람이 어떻게 그렇게 무책임한 말을 할 수 있느냐며 항의하는 사람도 있었다.

하지만 나는 그 순간 온몸에 전기가 흐르는 것 같은 충격을 받았다. 마쓰시타 회장이 "그렇게 하려고 마음먹으면 되지"라고 중얼거리듯 내뱉은 그 한마디 속에 담긴 의미와 감정이 고스란히 느껴졌다. 회사로 돌아오는 길에 그 말을 계속 곱씹었다.

"그렇게 하려고 마음먹으면 되지."

바로 이 한마디로 마쓰시타 회장은 이런 말을 전하려고 한 게 아니었을까?

"당신이 미래를 대비하며 경영하고자 하는 마음이 있다는 걸 믿어 의심치 않습니다. 다만 어떻게 해야 그렇게 경영할 수 있는지는 구체적으로 설명하기 어렵습니다. 당신 회사에는 당신 회사에 맞는 방법이 있을 테니까요. 하지만 단 한마디로 제 의견을 드리자면, 반드시 그렇게 경영하겠다고 당신 스스로 진지하게 마음먹어야 합니다. 간절한 마음과 절실한 다짐이 경영의 시작이니까요."

마쓰시타 회장의 말이 정확히 이런 뜻이었는지 확인할 길은 없다. 하지만 나는 그의 말 한마디에서 이런 깨달음을 얻었다. 그리고 이건 교세라를 창업한 후 내가 절실히 바란 마음이고 또 이루고 싶은 꿈이었다.

'저 회사처럼 성장하고 싶다.'

'저 사람처럼 대기업 총수가 되고 싶다.'

회사를 경영하는 사람이라면 누구나 이런 꿈을 꿀 것이다. 그런데 그 꿈이 단지 바람으로만 그쳐서는 절대로 이룰 수 없다. 꿈만 꿀 게 아니라 오늘 당장 남보다 더 자주 몸을 움직여야 하고, 내일 반드시 이루어야 할 구체적인 목표를 세워야 한다.

진정으로 원하고 전념을 다할 때 꿈은 비로소 현실이 된다. 그 꿈을 실현하기 위해 구체적으로 무엇을 어떻게 할지 스스로 생각하고 방법을 찾아야 한다. 마쓰시타 회장이 중얼거린 "그렇게 하려고 마음먹으면 되지"라는 말은 아마 이런 의미가 아니었을까? 목표를 이루기 위한 구체적인 노력이 있어야 비로소 '댐'을 구축할 수 있다고.

마음으로 간절히 바라지 않으면 아무것도 실현하지 못한다. 이것은 단지 일뿐만 아니라 우리 삶에서도 잊지 말아야 할 철칙이다.

잠재의식에 닿는 순간
기회가 찾아온다

마음으로 간절히 바라면 그 일은 반드시 이루어진다. '무슨 일이 있어도 이렇게 되고 싶다'라고 간절히 바라면 그 생각이 그 사람의 행동으로 나타나고, 그 행동이 다시 생각을 간절하게 만들기 때문이다. 다만 그 간절한 소망은 분명해야 한다. 그저 막연히 '이렇게 되고 싶다'라고 생각만 하는 게 아니라, '반드시 이렇게 하고 싶다', '이렇게 되지 않으면 내일은 없다', '그 소망을 이루기 위해 지금 당장 어떻게 하겠다'라는 구체적인 목표와 행동이 수반된 소망이어야 한다.

먹고 자는 일조차 잊을 만큼 간절히 바라고, 하루 종일 오직 그 일만 생각하면 소망은 차츰 그 사람의 잠재의식에까지 침투한다. 잠재의식이란 스스로가 알지 못한 채 활동하고 있는 정신세계로, 인간의 의식 깊은 곳에 숨어 있는 의식을 말한다. 평소에는 겉으로 드러나지 않지만 생각지 못한 순간에 불현듯 나타나 상상할 수 없는 힘을 발휘한다.

반면 평소에 발휘되는 의식을 현재의식이라고 한다. 사실 인간의 의식 중 현재의식보다 잠재의식이 차지하는 영역이 훨씬 크다. 또 과거에 반복해서 체험한 일이나 강렬한 경험이 잠재의식 속에 들어 있기 때문에 우리는 잠재의식을 활용해 순식간에 올바른 결단을 내릴 수 있다. 잠재의식은 잠들어 있을 때도 작용해, 우리의 행동을 목표를 이룰 수 있는 길로 이끈다.

잠재의식이 가진 놀라운 힘을 운전에 빗대어 생각해보면 이해하기 쉽다. 처음 운전을 배울 땐 손으로 핸들을 잡고 발로는 액셀러레이터와 브레이크 페달을 밟는 동작 하나하나를 생각하고, 모든 상황을 의식하며 차를 본다. 즉, 현재의식으로 운전을 하는 것이다. 하지만 마침내 운전이 익숙해지면 조작 순서나 방법을 일일이 생각하지 않아도 손과 발이 자동으로 움직인다. 때로는 업무상 발생한 문제를 골똘히 생각하면서 운전하다가 간담이 서늘해지는 경우도 있지만, 그래도 사고를 일으키지 않고 무사히 운전하기도 한다. 운전 기술이 우리의 잠재의식에 침투해 현재의식을 사용하지 않고도, 즉 의식하지 않고도 몸이 자동으로 움직이기 때문이다.

일을 할 때도 잠재의식을 유용하게 활용할 수 있다. 예를 들어 '이 일을 어떻게 해내고 싶다'라고 간절히 바라면 불현듯 놀라운 아이디어가 떠오를 때가 있다. 이 또한 잠재의식의 힘이다. 매일 깊게 고민하면 그동안의 소망이 잠재의식에까지 침투한다. 그렇게 되면 특별히 의식하지 않고도 생각지 못한 순간에 잠재의식이 가동되어 좋은 아이디어가 떠오른다. 게다가 이렇게 순간적으로 떠오른 아이디어가 문제의 핵심을 파고들어 지금 가장 고민하고 있는 문제를 단박에 해결해주는 일도 많다. 이는 틀림없이 '신의 계시'라고밖에 할 수 없다. 내게도 그런 경험이 종종 있었다.

교세라가 신규 사업에 착수하려고 했을 때의 일이다.

신규 사업에 진출하겠다고 선언하긴 했지만, 새로운 분야에 교세라의 기술을 적용하면 성공적으로 사업을 추진할 수 있겠다는 확신만 있었을 뿐 사실 우리에게는 그 분야에 대한 전문 기술이 없었다. 게다가 당시 교세라에는 이 신규 사업을 추진할 인력도 없었다.

그 문제로 며칠을 고민하고 있던 중 우연히 생각지도 못한 인물을 만났다. 어느 모임에서 아는 분으로부터 한 사람을 소개받았는데, 그 사람이 우리가 추진하려는 신규 사업에 깊은 관심을 보였다. 몇 마디 대화를 나눠보니 그 사람이 우리가 진출할 분야에서 뛰어난 전문가라는 사실을 알게 되었다. 깜깜하게만 보이던 세상이 그제야 밝아지는 것 같은 느낌을 받았다. 나는 바로 그 자리에서 그 사람을 영입했고, 이후 신규 사업을 순조롭게 진행해 나갔다.

이런 일이 우연처럼 느껴지는가? 나는 우연이라기보다는 잠재의식이 작동한 결과라고 생각한다. 내가 항상 그 일에 몰두하고 있었기 때문에, 24시간 그 생각만 할 정도로 간절히 원했기 때문에 필연적으로 그런 결과를 끌어당긴 것이다. 만약 나의 소망이 단지 바람에만 그쳤더라면,

내가 잠재의식에 이를 정도로 간절히 소망하지 않았더라면 내가 찾던 최적의 인재를 눈앞에서 놓쳐버리고 말았을 것이다.

높은 목표를 달성하려면 간절한 바람이 잠재의식에 닿을 만큼 미칠 정도로 몰두해야 한다. 무슨 일을 하고 싶다면, 또 하고자 한다면 그 일을 반드시 해내겠다고 굳게 다짐하라. 그리고 반드시 이룰 수 있다고 스스로를 믿어라. 그 정도의 각오도 없다면, 애초에 일을 시작할 필요도 없다.

●

인간으로서 해야 할
도리를 다하였는가

●

등산은 평지에서부터 한 걸음 한 걸음 내딛으며 정상을 향해 나아가는 과정이다. 그 한 걸음이 모여 인류는 해발 8848미터에 달하는 에베레스트산 정상에 올라설 수 있었다.

동서고금의 위인들이 지나온 발자취를 보라. 그들은 우리가 상상하기 힘들 만큼 노력했고, 그런 흔적들이 삶 곳곳에 녹아 있다. 어느 위인이든 단순히 운이 좋아서 유명해진 사람은 없다. 설령 하루아침에 유명해진 것처럼 보이더라도, 그것은 보이지 않는 땀과 눈물이 그때 비로소 사람들의 눈에 띄었을 뿐이다. 그러고 보면 성공이란 자신의 길을 평생 착실하게 걸어온 사람에게만 주어지는 신의 선물일지도 모른다.

반대로 꾸준한 노력이 미련한 짓이라고 생각하는 사람도 있다. 그런 사람들은 항상 더 편한 방법만을 찾는다. 끈기와 인내는 모른 채 단박에 성공하기를 바라기 때문에 스스로의 과욕에 빠져 그 어떤 것도 제대로 해내지 못하며, 다른 사람을 질투하고 시기하기에 바쁘다. 왜 그들은 단 몇 걸음 만에 에베레스트산 정상에 오를 수 있다고 생각할까? 왜 몇 걸음 가지도 않고 정상이 너무 멀다고 포기해버리는 걸까? 그리고 왜 자신이 오르지 못한 것을 반성하기는커녕 다른 사람이 밤낮없이 노력해 그 자리에 오른 것을 비난하는 걸까?

교세라를 창업한 지 10년도 지나지 않았을 때의 일이다. 세계적인 컴퓨터 제조회사인 아이비엠(IBM)으로부터 기존보다 성능이 월등히 높은 파인세라믹 부품 제작을 주문받았다. 당시 우리의 기술 수준을 훨씬 능가하는 정도의 요구였다. 경쟁사들은 하나같이 불가능하다며 고개를 내저었다.

하지만 그때 나는 할 수 있다고 대답했다. IBM이 우리에게 주문했다는 것은 그만큼 우리를 믿는다는 것이고, 간절한 소망으로 하루하루 그 일에 몰입한다면 충분히 우리가 그 일을 해낼 수 있을 거란 확신이 있었기 때문이다.

하지만 갖은 고생을 다해 어떻게든 만들어보려고 했음에도 시제품을 납품할 때마다 어김없이 불량 판정을 받았다. 개발에 개발을 거듭한 끝에 우리가 가진 힘과 기술을 모두 쏟아부어 요구받은 대로 20만 개의 제품을 IBM에 보냈다. 하지만 감격의 순간도 잠시, 20만 개 제품 모두 불량이라는 도장이 찍힌 채 되돌아왔고 우리는 이를 모두 폐기처분해야 했다. IBM이 우리를 골탕 먹이려고 하는 게 아니냐고 따지는 직원도 있을 정도였다.

'더 이상은 무리다!'

이런 분위기가 사내에 감돌았다. 개발팀 직원들의 사기는 완전히 꺾였고, 모두가 이 일은 애초에 불가능했다며 고개를 푹 숙인 채 집으로 돌아갔다. 나 역시 힘들고 맥이 빠지기는 마찬가지였다. 하지만 그대로 좌절할 수는 없었다. 힘겨운 일일수록 나는 더 힘을 내 직원들을 다독여야 했다. 내가 무너지지 않아야 회사도 무너지지 않을 수 있었다.

그러던 어느 날 밤 홀로 회사에 남아 컴컴한 사무실을 둘러보던 때였다. 어디에선가 흐느끼는 소리가 들렸다. 밖에서 들려오는 소리인 줄 알았는데 자세히 들어보니 분명 안에서 나는 소리였다.

그때 한 젊은 기술자가 제품을 구워내는 소성로 앞에서 꼼짝도 하지 않고 서 있었다. 조심스럽게 곁으로 다가갔는데, 그는 어깨를 떨며 눈물을 뚝뚝 흘리고 있었다. 아무리 노력해도 원하는 제품이 나오지 않고, 온갖 방책을 다 써봐도 소용이 없자 허탈감에 의기소침해 있었던 것이다.

"오늘 밤은 이만 돌아가게나. 내일 더 좋은 제품을 만들어봐야 하지 않겠나."

어깨를 다독이며 이렇게 위로해보았지만 그는 소성로 앞을 떠나려 하지 않았다. 그런 모습을 보다가 나도 모르게 이런 말이 튀어나왔다.

"자네, 제품을 만들며 신께 간절히 기도를 드렸나?"

"네?"

"부품이 만들어지는 순간순간 '잘 구워지게 해주세요' 라고 신께 간절히 기도를 드렸냐는 말일세."

이 말에 그의 눈이 동그래졌다. 깜짝 놀란 표정을 지은 채 옷소매로 눈물을 훔치며 그는 이렇게 대답했다.

"알겠습니다, 사장님. 다시 한번 처음부터 해보겠습니다."

그는 고민이 싹 가셨다는 듯 고개를 끄덕이고는 다시 작업장으로 향했다.

신께 기도를 드린 덕분이었을까? 그다음 날부터 그를 포함한 개발팀 직원들은 기술적으로 잘 풀리지 않았던 문제들을 차례차례 해결해나가기 시작했다. 그리고 마침내 경쟁사들이 엄두도 내지 못했던, IBM이 요구하던 높은 수준의 제품을 개발하는 데 성공했다.

다시 한번 제품을 IBM에 보내 평가를 요청했다. 20만 개의 제품을 모두 되돌려 보냈던 담당자들의 표정이 순식간에 달라졌다. 이토록 빠른 시일 내에 기존 제품보다 월등히 우수한 제품을 만들어냈다는 사실에 놀란 기색이 역력했다. 우리 제품을 들여다본 IBM 임원은 바로 그 자리에서 2000만 개라는 수량을 주문했고, 우리는 가까스로 기일에 맞춰 IBM에 제품을 납품했다.

"신께 간절히 기도를 드렸나?"라는 말은 사실 과학을 다루는 기술자에게는 어울리지 않는 말이다. 그때 나와 개발팀 직원의 대화를 누군가 엿들었다면 정신이 어떻게 된 게 아닐까 하고 생각했을지도 모른다.

아마도 그때 그 직원은 내가 한 말의 의미를 제대로 이해했던 것 같다.

"사람이 할 수 있는 최선의 노력을 다한 뒤 이제는 신께 빌며 천명을 기다리는 방법밖에 없다고 자신할 만큼, 당신은 당신이 가진 모든 힘을 쏟아냈는가? 몸이 부서질 만큼 제품 하나하나에 영혼이 스며들게 했는가? 그렇게까지 강렬하게 염원하며 자신이 가진 모든 힘을 쏟아냈을 때, 비로소 신이 나타나 구원의 손길을 내밀어준다네."

자신이 갖고 있는 모든 힘을 쏟아부었다면, 그 이후 결과에는 연연하지 않아도 좋다. 그렇게 땀 흘린 과정에서 보람을 찾고 더 높은 목표를 향해 나아가면 된다.

신은 스스로 돕는 자를 돕는다. 어려운 상황에 처했을 때나 높은 목표를 달성해나갈 때에는 '자네가 그렇게까지 노력했는데 도와주지 않을 수 없군!' 하고 신이 손을 내밀어줄 정도로 철저히 몰입했는지를 스스로에게 물어라. 자기 일에 대한 집념과 더 높은 목표를 향한 의지를 가진 사람만이 진짜 성공의 길에 오를 수 있는 법이다.

●

같은 속도로 달려서는
먼저 도착할 수 없다

●

"누구에게도 뒤지지 않을 만큼 노력하라!"

직원들이나 초보 경영자들에게 내가 자주 하는 말이다.

사실 노력이 중요하다는 건 누구나 잘 알고 있다. 그래서 "지금 노력하고 있습니까?"라고 물으면 대부분의 사람이 "그럼요, 저 나름대로 노력하고 있습니다"라고 대답할 것이다.

다만 아무리 남들만큼 노력을 지속한다고 해도 모두가 똑같이 노력하고 있다면, 이는 당연한 일을 하고 있는 것일 뿐 그 정도로는 성공을 장담할 수 없다. 누구나 생각하는 노력 이상으로, 누구에게도 뒤지지 않는 노력을 해야 무한경쟁 시대인 이 세상에서 큰 성과를 얻을 수 있다.

여기에서 핵심은 '누구에게도 뒤지지 않는'이다. 무언가를 이루겠다고 다짐했다면, 그것을 이루기 위해 평소에 하던 노력의 몇 배를 더 쏟아부어야 한다. 경쟁선상에 있는 누구나 그렇게 다짐하고 노력하기 때문에, 비슷한 수준의 노력으로는 목표에 이를 수 없다. 누구에게도 뒤지지 않을 만큼 노력하지 않는다면 절대로 큰 성공을 거머쥘 수도, 성공을 유지할 수도 없다.

교세라를 창업할 당시 나는 매일 밤 몇 시에 퇴근하고 몇 시에 잠들었는지 거의 기억하지 못했다. 그만큼 밤낮없이 일에 몰두했고, 그만큼 내가 하는 일을 사랑했으며, 일 속에서 삶의 기쁨을 누렸다. 회사가 성장할수록 나뿐만 아니라 나를 믿고 따라오는 직원들과 그의 가족들을 생각하며 더 맹렬히 일에 파묻혔다. 그들을 위해서라도 현실에 안주해서는 안 되었다.

'누구에게도 뒤지지 않을 만큼의 노력'이란 '이 정도면 됐다'는, 어떤 골인 지점이 있는 게 아니다. 도착점을 정해놓지 않고 계속 더 높은 목표를 세우며 끝없이 좇아가는 무한한 노력을 뜻한다.

그런데 그런 내 열정이 너무 과했는지 직원들 사이에서 불안과 불만의 목소리가 터져 나오기 시작했다.

"이렇게 한도 끝도 없이 일하다가는 몸이 버텨내지 못할 것입니다."

"쓰러지지 않는 게 다행일 정도입니다. 이러다 모두 쓰러지면 일은 누가 하나요?"

이 말을 듣고 직원들의 얼굴을 보니, 정말로 지쳐 당장이라도 쓰러지기 일보직전이었다. 거울에 비친 내 모습도 엉망이긴 마찬가지였다. 그러나 여기서 멈춘다면 더 이상 나아가지 못할 게 분명했다. 나는 곰곰이 생각한 끝에 마음을 단단히 먹고 직원들에게 이렇게 말했다.

"일이란 42.195킬로미터의 긴 구간을 달리는 마라톤 경주와 같습니다. 그리고 우리는 그토록 긴 구간을 달려본 적이 없는, 마라톤에 이제 막 참가한 초심자와 다름없습니다. 경쟁자들은 이미 빠른 속도로 저 앞에서 내달리고 있습니다. 그들을 따라잡으려면 어떻게 해야 할까요? 나는 100미터 달리기 경주를 하듯 뛰고 싶습니다. 그렇게 무모한 방법으로 달리다가는 몸이 버텨내지 못할 거라고 말하는 사람도 있겠지만, 우리가 경쟁자들을 따라잡는 데는 그 길밖에 없습니다. 그렇게 하지 못할 거라면 애초부터 경주에 참가하지 않는 편이 낫습니다."

그때 교세라에는 자금도, 기술도, 설비도 없었다. 정말 아무것도 없이 파인세라믹 업계에 가장 후발로 진입한 우리로서는 마라톤이냐, 100미터 경주이냐를 두고 여유롭게 저울질할 시간이 없었다. 살아남기 위해서는 죽기 살기로 뛰는 방법밖에는 없었다. 나는 더 이상 물러날 곳이 없다는 각오로 결단했고, 그 결단을 직원들에게 이야기했다.

다행히 직원들은 무모한 사장의 생각을 이해하고 모두 따라와주었다. 그러한 노력이 열매를 맺어 교세라는 창업한 지 10여 년 만에 마침내 주식 상장을 할 수 있었다.

주식을 상장하던 날, 나는 직원들에게 이렇게 말했다.

"100미터 달리기를 하는 속도로 마라톤을 하면 얼마 가지 못해 도중에 숨이 차 쓰러질 것이라고 모두가 걱정했습니다. 하지만 우리 교세라를 보십시오. 막상 힘껏 내달리다 보니 전력 질주가 몸에 배어 남들보다 빠른 속도를 유지하면서 여기까지 달려올 수 있었습니다. 더구나 처음에는 멀게만 보였던 경쟁자들도 따라잡았고, 그들의 속도가 생각만큼 빠르지 않다는 사실도 알게 되었습니다. 이제 우리는 선두그룹을 바로 눈앞에 두고 있습니다. 앞으로도 계속 숨이 찰 것입니다. 쓰러지지는 않을까 걱정도 될 것입니다. 그러나 지금껏 우리가 그래왔듯이 앞으로도 계속 다함께 전력으로 질주합시다. 누구에게도 뒤지지 않는 열정적인 노력, 그것이야말로 교세라의 힘이자 여러분의 힘입니다. 여러분, 진심으로 감사합니다."

이렇듯 단거리를 달리는 속도로 장거리를 달려 나가는 맹렬한 노력이 바로 '누구에게도 뒤지지 않을 만큼의 노력'이다. 그저 평범한 노력으로는 남들보다 목적지에 먼저 도착할 수 없다. 누구에게도 뒤지지 않는 노력이야말로 인생과 일에서 성공하기 위한 강력한 원동력이다. 그것이 나를 키우고 교세라를 키운 것처럼.

●

돌 틈에서도 싹을 틔우는
잡초의 기세로

●

우리는 무심코 '누구에게도 뒤지지 않을 만큼의 노력'은 힘들고 특별한 일이라고 생각한다. 그만큼의 노력으로 위대한 업적을 남긴 사람들은 평범한 사람들과는 태어날 때부터 다른 기질을 타고났다고 생각하기도 한다. 이런 끝없는 노력이 무겁고 어렵게 느껴지겠지만, 실은 절대로 그렇지 않다. 주위를 한번 둘러보라. 자연을 보면 어느 동식물이든 온 힘을 다해 살아가지 않는 생명은 없다. 오직 인간만이 편하고 쉬운 길을 찾는 데 열중한다.

교세라가 중견기업에 오른 해의 어느 초봄 날, 집 근처를 산책할 때의 일이었다. 성터 돌담의 깨진 돌 사이로 작은 풀이 얼굴을 내밀고 있었다. '저런 곳에도 식물이 자랄 수 있나?'라고 생각하며 자세히 들여다보았더니 돌과 돌 사이에 아주 조금 흙이 있고, 그곳에서 풀이 봄의 숨결을 힘껏 들이마시며 싹을 틔우고 있었다.

그 이후 몇 주간 그 길을 지날 때마다 풀이 잘 자라는지를 지켜보다가 회사일이 바빠 잊고 지냈다. 그러다 문득 다시 그 풀이 생각 나 그곳을 찾았더니 몇 주일간의 짧은 봄 동안 그 풀은 햇빛을 듬뿍 받아 잎을 키우고 꽃을 피우고 있었다. 이런 기세라면 제 모습을 드러낼 날도 머지않을 듯했다.

아마도 무더운 여름이 되면 돌담이 뜨거워지고 그 풀도 말라버릴 것이다. 그 풀은 여름이 오기 전, 있는 힘을 다해 살아남아 꽃을 피우고 열매를 맺어 자손을 남길 준비를 했고, 여름이 지나면 자신의 모든 것을 털어버린 채 흙으로 돌아갈 것이다. 살아남기 위해 모든 것을 이겨낸 다음 제자리로 돌아가는 것이다.

비단 그 풀만 그런 것은 아니다. 아스팔트 도로의 갈라진 틈 사이에 피어난 이름 모를 잡초도 마찬가지다. 물기라고는 한 방울도 없는 뜨거운 지옥 같은 환경에서도 수많은 풀이 치열하게 발버둥 치며 필사적으로 살아남아 꽃을 피운다. 조금이라도 더 햇볕을 많이 받아 더 커지려 하면서, 최선을 다해 잎을 키우고 줄기를 뻗는다.

그들은 상대를 쓰러뜨리기 위해 경쟁하지 않는다. 그저 자기 자신이 살아가는 것에만 열중하며 온 힘을 다한다. 자연의 섭리란 원래 그런 것이다. 죽을힘을 다해 살아가지 않는 식물은 하나도 없다. 노력하지 않는 식물은 생존하지 못한다. 동물도 마찬가지다. 육식동물이든 초식동물이든 먹고살기 위해, 그리고 종족을 보존하기 위해 필사적으로 열심히 살아가지 않으면 생존할 수 없다. 바로 그것이 자연계의 법칙이다.

그런데 우리 인간만은 '누구에게도 뒤지지 않을 만큼의 노력'이라든가 '열심히 산다'는 말을 자신과는 거리가 먼 특별한 일처럼 생각한다. 성공하기 위해서만 열심히 일해야 하는 것은 아니다. 인생은 살아가는 일 자체가 치열한 노력의 연속이다. 그것이 자연의 섭리이자, 인간이 인간다워지는 섭리이기 때문이다.

평범한 노력으로는

기업도 사람도 크게 발전할 수 없다.

누구에게도 뒤지지 않는 노력이야말로

인생과 일에서 성공하기 위한 강력한 원동력이다.

그것이 나를 키우고 교세라를 키운 것처럼.

4장

노력을   지속하는가

곤란한 상황을 만나도 결코 도망쳐서는 안 된다. 어려운 상황에 부딪쳐 발버둥 치는 가운데서도 '어떻게든 이겨내야지' 하고 절박한 마음을 먹어야 한다. 무심코 지나치던 현상 속에서 갑자기 해결의 실마리가 보일 것이다.

사람은 원래 편안한 상태에 머물고 싶어 하는 경향이 있다. 이제 더 이상 피할 곳이 없다는 생각이 들 정도로 스스로를 내몰아보라. 자신도 놀랄 만큼 능력을 발휘하며 성과를 거둘 것이다.

●

평범함을 비범함으로 바꾸는
지속의 힘

●

한순간, 한순간이 모여 우리의 인생이 된다. 지금 이 순간의 1초가 모여 하루가 되고, 그 하루가 거듭 쌓여 일주일, 한 달, 1년, 그리고 일생이 된다. 제아무리 위대한 일도 평범하고 사소한 일들이 축적된 결과다.

사람들이 놀랄 만한 큰 성과나, 어떤 천재가 해낸 일인지 궁금해지는 위대한 업적도 알고 보면 아주 평범한 사람이 한 걸음 한 걸음 꾸준히 내디딘 결과다. '이렇게 하고 싶다'는 꿈을 이루는 지점까지 제트기를 타고 가듯 일사천리로 그곳에 도달하는 방법은 없다. 천 리 길도 한 걸음부터 내디뎌야 하며, 그 어떤 원대한 꿈도 보잘것없는 한 걸음을 거듭한 끝에 비로소 성취할 수 있다.

세계문화유산 중 하나인 이집트의 거대한 피라미드도 이름 모를 수많은 사람이 착실히 작업해 얻은 결과물이다. 먼 곳에서부터 커다란 포석을 실어 와 크기에 맞게 깎고 다듬고 하나씩 포개어 올린 결과다. 그 수는 수백만, 수천만 개에 달한다. 꾀를 부리거나 요령을 피울 수도 없다. 그저 하나하나 나르고 쌓아 올려야만 피라미드를 완성할 수 있다. 그렇게 어마어마한 노력과 땀의 결정이기에 유구한 역사를 뛰어넘어 지금까지 웅장한 자태를 자랑하고 있는 것이다.

피라미드가 지속적인 작업의 연속으로 일궈낸 땀의 결정이듯이, 우리 한 사람 한 사람의 인생도 이와 다르지 않다. 한 가지 일을 꾸준히 지속할 때 비로소 도무지 손이 닿을 것 같지 않던 곳까지 도달할 수 있을 뿐 아니라 인격적으로도 크게 성장할 수 있다.

교세라를 창업하고 약 3년 후의 일이다. 시가현에 있는 교세라 공장에 중학교밖에 졸업하지 못한 직원이 한 명 있었다. 그에게 내가 "이건 이렇게 하게나"라고 가르쳐주면 그는 "네!" 하고 끄덕이고는 내가 가르쳐준 대로 똑같이 따라 했다. 심지어 손이 시커메지고 얼굴은 땀범벅이 될지언정 날마다 지시받은 일을 조금도 싫은 기색 없이 해냈다. 그날 지시받은 일은 무슨 일이 있어도 그날 끝내고 퇴근해 나를 무척 흐뭇하게 했다.

그는 공장 안에서는 전혀 눈에 띄지 않았다. 다른 직원들이 힘들다고 우는 소리를 해도 그는 불평 한마디 없이 그 단조롭고 반복적인 작업을 꾸준히 했다.

"배운 게 없으니 이거라도 열심히 해야지요."

그의 표정에는 자기 일에 대한 애정이 가득했다.

그로부터 20년 후 나는 그와 다시 만났다. 단순한 작업을 묵묵히 해내던 그가 놀랍게도 사업부장으로 승진해 교세라를 이끌어가는 핵심 인재로 활약하고 있는 게 아니던가. 내가 놀란 것은 그의 직함만이 아니었다. 나도 모르게 "여기까지 오다니 정말 대단하네!"라는 말이 튀어나왔을 정도로, 그는 인격도 식견도 충분히 갖춘 훌륭한 리더로 성장해 있었다.

회사에서 조금도 눈에 띄지 않는 존재였고, 그저 꾸준하고 우직하게 자기 일을 묵묵히 해나갔던 평범한 사람.

더구나 중학교밖에 졸업하지 못해 지식도 기술도 없었던 사람. 그래서 더 열심히 공부해야 했고 더 열심히 일을 사랑했다는 그. 그런 그가 비범한 인재가 될 수 있었던 힘은 무엇일까? 요행을 바라지 않고, 한순간에 결과를 얻으려 하지 않고, 미미하고 단순한 일일지라도 싫증내지 않고 오랫동안 노력을 거듭해온 '지속의 힘' 덕분이지 않을까?

"천재는 99퍼센트의 땀과 1퍼센트의 영감으로 만들어진다"라는 토머스 에디슨의 말처럼, 성공의 요인에서 영감이나 재능이 차지하는 비율은 아주 미미하며, 착실한 노력과 땀 흘리는 일이 거의 전부를 차지한다. 앞서 말한 교세라 사업부장과 같은 사람들은 순간순간의 위기에 흔들리지도, 조급해하지도, 낙담하지도 않는다. 오직 자기가 맡은 일 하나에 온 힘을 쏟는다. 그리고 무슨 일이 있어도 굴하지 않고 그 일을 계속한다. 이러한 자세가 인간을 견실하게 만들어주고, 더 나아가 인생에서 좋은 결실을 맺게 해준다.

나는 지금껏 경영자로서 수많은 인재를 채용하는 데 직접 참여해왔다. 그 과정에서 '면도날 같은 사람'들을 만난 적도 많았다. 면도날 같은 사람이란 일머리가 좋은 것은 물론이고 일에 대한 습득 속도도 빠른, 한마디로 재기가 넘치는 사람이다. 그들 중에는 면접 때부터 '장래에 우리 회사의 중심이 되어 역량을 발휘할 인재'라는 생각이 들 정도로 유능한 사람이 많았다. 무엇을 해야 하고 무엇을 하지 말아야 할지 스스로 알아서 결정했고 자기주장도 강했다.

반면 일에 대한 감각이 부족한 사람도 많았다. 채용해놓고 보니 똑똑하지도 않은 데다가 눈치까지 없어서 옆에 있는 사람이 숨이 막힐 지경이었다. 도대체 어떻게 우리 회사에 들어왔는지 의아할 정도였다. 그들에게는 면도날 같은 날카로운 면은 없었지만, 그런 유능함 대신 자기가 맡은 일에 대한 성실함을 지니고 있었다.

경영자가 기대를 거는 인재는 당연히 전자다. 어쩔 수 없이 누군가 회사를 그만둬야 한다면 능력이 출중한 전자보다는 후자이길 바라는 마음마저 들 정도다.

그런데 기업을 경영하다 보면 의외로 정반대의 경우를 경험하게 된다. 오래 곁에 두고 싶은 면도날 같은 사람들은 눈치가 빠르고 앞일을 내다보는 안목이 있어서인지 자기가 하는 일이 지루하거나 회사에 가망이 없다고 판단되면 빠르게 회사를 그만두었다. 또 자기 업무에 성과가 없으면 변명을 늘어놓거나, 동료 또는 회사에 책임을 떠넘기기도 했다. 그래서 결국 회사에 남은 사람은 처음부터 기대가 낮았던 일머리가 없는 사람들이었다.

하지만 나중에서야 나는 이런 내 생각이 얼마나 어리석은 편견이었는지를 깨달았고, 회사에 남아 있는 그들과 마주하기가 부끄러웠다. 일머리가 없다고 생각했던 사람들은 남들이 하기 싫다고 내팽개친 일도 결코 싫증내거나 게으름 피우지 않고 자기가 맡은 일을 꾸준히 해나갔다. 해야 할 일을 확인하고 또 그 일을 완수하는 과정이 마치 애벌레의 걸음과도 같이 답답하게 느껴지기도 했지만, 10년, 20년, 30년을 한결같은 모습으로 노력하기를 마다하지 않고 오로지 우직하게 한길을 걸어나갔다.

그리고 세월이 흐르면서, 평범하고 그저 성실하기만 했던 직원들이 어느새 비범한 인재로 바뀌어 있다는 사실을 알아차리고는 무척 놀랐다. 마치 우리 회사의 사업부장처럼 말이다. 물론 어느 한순간에 그들이 하늘로부터 엄청난 능력을 부여받아 새롭게 태어난 것은 아니었다. 그저 남들보다 갑절이나 노력하고 열심히 일하면서 차츰차츰 훌륭한 인재로 성장한 것이다. 표범처럼 놀랍도록 기민한 움직임이 아니라, 소처럼 서툴지만 우직하게 한 가지 일에 매진한 시간과 노력이 그들의 능력뿐만 아니라 인격까지도 갈고닦아 훌륭한 인재를 만들어낸 것이다.

혹시라도 지금 자신에게는 성실히 일하는 것밖에는 아무런 능력이 없다고 낙담하는 사람이 있다면, 나는 그 우직한 근성을 소중히 여기고 기뻐하라고 말해주고 싶다. 민첩하고 영리한 머리보다는 보잘것없어 보이는 일도 끈기 있고 성실하게 해나가는 '지속의 힘'이야말로 일을 성공으로 이끌고 인생을 가치 있게 만드는 진정한 능력이니까 말이다. 천재나 위인으로 불리는 사람들 역시 '지속의 힘'을 깨닫고 그를 자기화한 사람들이다. 신념을 가지고 남들이 뭐라 해도 자기 일에 매진하는 사람은 분명 훌륭한 기술과 높은 인격을 갖출 수 있다.

어제보다 한 걸음 더
앞으로 나아가라

인생을 살며 우리는 항상 고민하고 방황한다. 일에 더 진지하게 몰두할수록 그 고민과 방황은 더 커진다.

'나는 왜 이 일을 하는 걸까?'

'대체 언제까지 이 일을 해야 하지?'

아마도 주위에 휩쓸리지 않고 성실히 일하는 사람일수록 일의 근본적인 의미와 일하는 목적을 고민하며 정답이 없는 미로로 들어서기 쉽다.

'남들은 저만치 앞서가는데 왜 나는 이 자리에 맴돌며 고민하고 있을까?'

마음속에 이런 의문이 들며 괴로워질 때가 있기 마련이다.

나도 예전에는 그랬다. 처음 근무했던 회사 연구실에서 수없이 시행착오를 되풀이하던 때의 일이다. 당시 무기화학 분야 연구자들 중에는 나와 비교도 할 수 없을 만큼 뛰어난 사람이 많았다. 나이가 같은 사람 중에는 장학금을 받고 미국에서 유학을 하는 사람도 있었고, 회사의 풍족한 지원 아래 최첨단 설비를 이용해 실험을 하는 사람도 있었다.

그들에 비하면 나는 제대로 된 설비는커녕 지원조차 없는 적자투성이 회사에서 단조로운 하루하루를 보내고 있었다. 어느 날은 근무 시간 내내 분말 원료를 섞는 작업만 하다가 하루를 마치기도 했다.

'이런 일만 하면서 어떻게 남들보다 더 나은 연구 성과를 얻을 수 있을까?'

이따위 일로 하루하루를 허송세월해야 하는 현실에 마음이 위축되었다. 좋은 환경에서 마음 편히 연구에만 몰두하는 경쟁자들이 부러웠다. 자질구레한 일로 시간을 보내야 하는 내 현실이 너무 비참했다.

불안하고 두려운 생각마저 들었다. 이런저런 생각을 하

다 보면 몸에 힘이 빠져나간 듯 아무 일도 할 수 없었다.

대개는 이런 흔들림을 없애려면 '멀리 내다보고 일하라'라고 말한다. 즉, 당장 눈앞에 벌어진 일에만 집착하기보다는 더 장기적인 안목으로 자신의 인생 설계도를 그리고, 지금 자신이 하는 일이 길고 긴 인생의 여정 중 어디쯤 있는지 위치를 가늠해보라는 뜻이다. 주위 사람들은 내게 이런 말로 위로했고, 그렇게 하다 보면 언젠가는 맡은 일에서 성공할 수 있을 거라고 말했다. 당장 눈앞에 있는 일에 연연하는 것은 시야가 좁기 때문이라며 핀잔을 주기도 했다.

그들의 말을 듣고 있자면 내가 속이 좁은 사람이 된 것 같은 기분이 들기도 했다. 어쩌면 '멀리 내다보고 일하라'는 말이 이치에 맞을지도 모른다.

하지만 나는 정반대의 방법을 택했다. 막연한 미래를 내다보고 걱정하기보다는 당장 내 눈앞에 있는 현실만 보기로 했다. 모든 문제의 근원은 결국 내 눈앞에 놓인 것 때문이 아닌가. 막연한 미래만 좇다가 오늘 하루 아무 일도 하지 못하지 않았던가. 그래서 오히려 단기적인 관점으로 내가 하는 일의 위치를 점검하고 실천했다. 미래에 얼마만큼의 연구 성과를 올릴 수 있을지, 내 인생이 앞으로 어떻게 될 것인지 꿰뚫어보는 안목을 갖지 못했기에, 내가 딛고 서 있는 발밑만을 보기로 마음먹은 것이다. 그때부터 나는 이렇게 생각하며 스스로를 담금질했다.

'아무것도 보지 말자. 오늘 달성하기로 한 일은 반드시 오늘 해내자. 일의 성과와 진척 상황을 하루 단위로 구분해 확실히 지키자. 하루 동안 적어도 한 걸음만큼은 꼭 앞으로 나아가자. 오늘은 어제보다 1센티미터라도 더 앞으로 나아가자.'

단순히 한 걸음 앞으로 나아갈 뿐 아니라, 오늘을 돌아보고 그 성찰을 토대로 내일은 반드시 '한 가지 개선', '한 가지 궁리'를 더하겠다고 결심했다.

설비가 열악하고 지원이 없어도 이 하루 단위의 목표를 이루기 위해 전심전력했고, 매일 오늘이 마지막이라는 각오로 일에 몰두하며 더 좋은 방법을 궁리했다. 그렇게 하다 보니 하루하루가 한 달로 이어졌고, 어느새 한 달은 1년으로 이어졌다.

그러자 생각지도 못한 일들이 일어났고, 내가 의식하지 못하는 사이에 주위에 사람들이 몰려들기 시작했다. 막연하게만 보이던 목표가 점점 내 곁에 다가옴을 느꼈다.

아무리 보잘것없는 일일지라도 일단은 성심을 다해 전력한다. 하루하루가 모여 한 달이 되고, 또 그다음에는 1년이 된다. 5년, 10년 그렇게 계속하다 보면 첫 단계에서는 상상도 하지 못했던 목표를 이룰 수 있다. 그러니 오늘 하루를 '살아가는 단위'로 정하고, 그 하루하루를 온 힘을 다해 살아가며 열심히 일하라. 착실하게 한 걸음씩 나아가는 발걸음이 일과 삶을 걷는 데 가장 적합한 보폭이다.

교세라는 10년 앞을
내다보지 않는다

"충실한 오늘을 매일매일 계속해나간다."

이는 내가 세운 교세라의 경영 철학 중 하나다.

나는 교세라를 창업하고 지금까지 장기 경영 계획을 세우지 않고 회사를 이끌어왔다. 그래서 인터뷰를 할 때 기자들로부터 교세라의 중장기 경영 계획에 관한 질문을 받으면 "교세라에는 그런 계획이 없습니다"라고 대답한다. 그러면 기자들은 대개 의아한 표정을 짓는다.

"아니, 작은 회사도 계획을 세워 일하는데 교세라 같이 큰 회사에 중장기 계획이 없다니요?"

"교세라는 5년, 10년 앞을 내다보기보다는 오늘 하루를 5년, 10년처럼 경영합니다."

내가 장기 경영 계획을 세우지 않는 이유는 분명하다. 첫째는 뜬구름을 잡는 데 시간을 허비하고 싶지 않기 때문이고, 둘째는 너무 먼 미래를 내다보는 이야기는 대개 거짓으로 끝나기 때문이다.

많은 경영자가 "몇 년 후에는 매출을 얼마로 늘리고, 인원은 얼마나 충원하고, 설비 투자는 이렇게…" 하는 식으로 화려한 청사진을 그린다. 그 계획대로라면 몇 년 안에 회사는 지금과 비교할 수 없을 정도로 달라져 있을 것이다. 꿈꾸는 것만으로도 가슴이 벅차고, 당장 그렇게 될 것 같기도 하다.

하지만 청사진과 현실이 언제나 같을 수는 없다. 그렇게 계획을 세운다고 해도 언제나 예상을 뛰어넘는 환경 변화나, 생각지도 못한 사태가 벌어지기 마련이다. 그러다 보면 어쩔 수 없이 계획을 변경해야 하고 목표를 하향 수정해야 하며 간혹 계획 자체를 포기해야 할 때도 있다.

처음 세운 계획이 중도에 변경되다 보면 아무리 경영자가 훌륭한 목표를 세워도 직원들은 그 목표를 믿지 않게 된다. '어차피 도중에 또 바뀔 텐데 뭐?' 하며 목표를 가벼이 여기게 된다. 그러다 보면 직원들의 사기와 일에 대한 의욕이 떨어지고 만다.

또한 목표가 원대할수록 그 목표에 도달하기까지 엄청난 노력을 계속해야 한다. 하지만 인간은 아무리 끈기를 갖고 열심히 노력해도 그 목표에 다다르기까지 의지가 약해지기 마련이고, '목표를 달성하지 못했지만 이 정도면 괜찮아' 하고 스스로 타협하기 쉽다.

이런 인간의 심리로 볼 때 목표에 다다르는 과정이 너무 길면 중간에 변수가 생길 확률이 높아진다. 도달 지점이 너무 먼 목표는 좌절로 끝나는 일이 허다하다. 나는 도중에 물거품이 될 계획이라면 처음부터 세우지 않는 편이 낫다고 확신했고, 그래서 교세라를 창업한 이후부터는 1년간의 경영 계획만 세우겠다고 마음먹었다.

3년 후, 5년 후의 일은 그 누구도 정확히 예측하지 못한다. 하지만 1년 후의 일이라면 그리 큰 착오 없이 미리 읽어낼 수 있다. 그리고 그 1년의 계획을 다시 월별, 일별 목표로 세분화해서 그렇게 쪼갠 단기 목표들을 그 일정 안에 반드시 달성하려고 노력했다.

'오늘 하루 최선을 다해 노력하자. 오늘 하루 열심히 일하면 내일이 보일 것이다.'

'이번 달 최선을 다해 애쓰자. 이번 달 열심히 하면 다음 달이 보일 것이다.'

'올해 1년을 충실히 보내자. 올 한 해를 충실히 보내면 내년이 보일 것이다.'

이처럼 순간순간을 충실히 살면서 작은 산등성이를 하나씩 넘어가야 한다. 그 작은 성취감을 계속 쌓으며 끝없이 나아가는 것이다. 이 방법이야말로 높고 큰 목표에 다다르기 위한, 가장 빠르고 확실한 길이라고 나는 확신한다.

단기간의 실천 목표를 세우지만, 가야 할 곳은 언제나 높아야 한다. 나는 항상 목표를 세울 때는 '자신의 능력 이상의 것'을 설정해야 한다고 생각한다. 지금 자신의 능력으로는 도저히 해낼 수 없을 것 같은 어려운 목표를 미래의 어느 시점에 달성하겠다고 구체적으로 정하는 것이다. 그런 다음 현재 자신이 가진 능력이 그 목표에 도달할 수 있을 때까지 끌어올리는 방법을 생각해야 한다.

현재 자신의 능력을 기준으로 할 수 있는 것과 할 수 없는 것을 결정한다면 결코 새로운 일에 도전하거나 더 높은 목표를 달성할 수 없다. 현재의 능력으로는 불가능한 일이더라도, 그 일을 반드시 해내겠다는 강력한 의지가 있어야 새로운 분야를 개척하고 더 높은 목표에 다다를 수 있는 법이다.

나는 이것을 '미래진행형으로 생각한다'라고 표현한다. 이 말은 인간이 무한한 가능성을 품고 있다는 뜻이다. 인간의 능력은 미래를 향해 끝없이 성장해나가는 가능성을 품고 있다는 사실을 믿고, 자신의 인생에 꿈을 그리자고 당부하고 싶다.

많은 사람이 일이나 인생에서 "나는 할 수 없어", "그건 내 능력 밖의 일이야"라는 말을 쉽게 한다. 현재 자신이 지닌 능력만을 기준으로 할 수 있는 것과 할 수 없는 것을 결정해버리는 것이다. 하지만 그럴 필요가 없다. 인간의 능력은 반드시 미래를 향해 성장하고 발전하기 때문이다.

지금 자신이 하고 있는 일이 몇 년 전에는 '정말로 내가 할 수 있을까?' 하며 의구심을 품었던 바로 그 일이 아닌가? 하지만 지금은 그 일을 척척 해내고 있지 않은가?

신은 인간을 모든 면에서 진보할 수 있는 존재로 설계

했다.

"나는 공부를 안 해서 지식도 기술도 없어. 그러니 나는 할 수 없어"라며 스스로를 몰아붙이지 마라. 반대로 생각하라.

'나는 공부를 안 해서 지식도 기술도 없어. 하지만 하고자 하는 의욕이 충만하니 반드시 내년에는 할 수 있어.'

그리고 지금 이 순간부터 그 생각을 실천하라. 공부하여 지식을 쌓고 기술을 습득하면 자기 안에 잠재되어 있던 능력이 발휘되어 미래에 놀라운 발전을 이루어낼 수 있을 것이다.

●

하지 않을 뿐
못할 일은 없다

●

교세라는 창업 초창기부터 다른 회사가 하지 못하겠다
고 포기한 일을 스스로 나서서 수주했다. 그 덕분에 늘
남들보다 큰 성과를 이룰 수 있었다. 이렇게 말하면 교
세라가 창업 당시부터 훌륭한 기술력을 갖추었다고 생
각할지도 모른다. 하지만 결코 그렇지 않다. 교세라에는
자금도, 인력도, 설비도 충분치 않았다. 불면 당장이라도
날아갈 듯 영세한 회사였기 때문에 그렇게 해서라도 살
아남아야 했다.

교세라가 처음 착수한 일은 마쓰시타 전기산업이 맡긴

텔레비전 브라운관용 절연 부품, U자 켈시마 제작이었다. 교세라를 창업하고 나서 순조롭게 제품 생산을 계속했지만, 마쓰시타 한 곳만 거래처로 둬서는 회사를 안정적으로 유지하기가 힘들었다. 그래서 우리는 우리가 가진 기술과 실적을 토대로 끊임없이 사업 영역을 확대해나갔다. 구체적으로는 도시바, 히타치, NEC 같은 대규모 전자회사를 상대로 영업 활동을 개시했다.

먼저 그들을 찾아가 "저희 회사는 이런저런 파인세라믹 절연 부품을 만드는 기술을 보유하고 있습니다"라고 교세라를 소개했다. 하지만 대기업들에서는 이미 기존의 다른 세라믹 회사에 절연 부품을 발주하고 있었다. 더구나 대기업 기술자들은 당장이라도 쓰러질 것 같은 영세기업에 발주하기를 꺼려했다. 그러니 기존 세라믹 제조업체에 의뢰한 제품을 굳이 교세라의 제품으로 바꾸려고 하지 않았다.

결국 우리가 납품할 수 있는 것이라고는 기존 업체들이 만들지 않거나 만들 수 없다고 포기한 제품뿐이었다.

"그런 파인세라믹 기술을 보유하고 있다면 이런 제품도 만들 수 있습니까?"

미팅 때마다 대기업 담당자들은 당시 교세라의 기술로는 도저히 제작할 수 없는, 기존 제조업체들도 두 손 두 발 들고 포기한 제품 개발을 요청했다. 하지만 방법이 없었다. 살기 위해서는 반드시 제작해야 했다. 그 자리에서 우리가 "그 제품은 저희 회사에서도 만들기 어렵습니다"라고 답하면 그길로 그들과의 관계는 끝이었다.

사실 당시 교세라에는 브라운관의 전자총을 구성하는 절연 재료를 만드는 기술밖에는 없었다. 그런데 담당자가 제시한 것은 브라운관의 다른 부품이었다. 그걸 만들려면 설비도 새로 들여와야 하고 기술자도 새로 뽑아야 했다. 끝내 개발에 성공하더라도 시간이 얼마나 걸릴지 가늠조차 할 수 없었다.

하지만 나는 그런 요청에 "네, 교세라는 할 수 있습니다!"라고 대답할 수밖에 없었다. 그렇게 말하지 않으면 상대가 두 번 다시 교세라에 관심을 보이지 않을 테고, 그러다가는 머지않아 더 이상 경영을 이어나가지 못하는 상황까지 벌어질 것이 분명했기 때문이었다. 달리 선택의 여지가 없었다.

내가 그렇게 무모한 의뢰를 잇달아 받아오자 직원들은

당황해했다. 그리고 이의를 제기했다.

"우리에게는 설비도 없는데 이 일을 어떻게 합니까? 게다가 그 일정은 도무지 맞출 수 없습니다!"

물론 직원들의 말에도 일리는 있었다. 그러나 나는 할 수 있다고, 하고자 하는 마음만 있으면 얼마든지 할 수 있다고 직원들을 격려했다.

"설비는 빌리면 됩니다. 중고품을 사와도 좋습니다. 기술적으로 불가능하다고 생각하는 건 지금 시점에 해당하는 이야기입니다. 할 수 있다고 믿고 일단 일을 시작하면 앞으로 반드시 할 수 있게 됩니다. 그 미래의 도달점을 향해 온 힘과 열정을 쏟아주십시오."

모두가 할 수 없다고 말하는 일을 스스로 맡아서, 그것을 실제로 할 수 있을 때까지 계속하는 것은 불가능을 가능으로 만들겠다는 무모한 안간힘일지도 모른다. 하지만 그 무모한 안간힘이 교세라의 기술력을 향상시키고 실적을 만들어 결국에는 성공으로 향하는 길을 열어주었다.

인간의 능력에는 한계가 없다. 미리 가늠할 절대치도 없다. 능력은 어디까지나 '미래진행형'으로 인식해야 한다. 도달해야 하는 미래의 지점부터 역산해서, 현재 자신이 갖고 있는 능력을 고려해 이를 어떻게 최대치로 끌어올릴 수 있을지 생각해야 한다. 그 미래의 한 지점, 즉 도달해야 할 목표를 항상 자신의 능력의 120퍼센트 혹은 130퍼센트 지점으로 정하길 바란다.

그렇게 미래의 목표 지점을 향해 누구에게도 뒤지지 않을 만큼의 노력을 아낌없이 쏟아부어라. 능력을 미래진행형으로 생각하는 자세야말로 높고 큰 목표를 달성해가는 데 없어서는 안 될 가장 중요한 자세다.

포기하고 싶은 순간이
새로운 출발점이다

'한번 착수한 연구 개발은 100퍼센트 성공시킨다!'

이는 내가 교세라를 성장시키며 굳건히 다져온 신념이다.

교세라를 창업하고 15년 정도 지났을 무렵, 한 대기업에서 내게 200여 명의 연구원들을 앞에 두고 신제품 연구개발을 진행하는 방법에 대해 강연을 해줄 수 있겠느냐며 요청을 해왔다. 나는 흔쾌히 승낙했다. 그 기업의 연구원들은 모두 고도의 신기술 개발에 몰두하고 있었고, 대다수가 박사학위도 가진 우수한 인재들이었다.

강연이 끝나고 질의응답 시간이 되었을 때 한 연구원이 손을 들고 이렇게 말했다.

"교세라의 연구 개발 성공률은 어느 정도입니까?"

나는 이렇게 대답했다.

"교세라에서는 한번 착수한 연구 개발은 100퍼센트 성공시킵니다."

그러자 연구원들 사이에서 웅성웅성 놀라는 소리가 들려왔다. 곧바로 누군가 반론을 제기했다.

"연구 개발 성공률이 100퍼센트라는 당치도 않는 이야기를 믿으라는 겁니까?"

그 말을 듣고 나는 이렇게 설명했다.

"교세라에서는 개발이 성공할 때까지 연구를 계속하기 때문에 실패로 끝나는 일이 없는 것이지요."

그러자 강연장에 실소가 터져 나왔다. 하지만 내 말은 진실이었고 또 진심이었다.

무언가 한 가지 일을 시작했다면 그 일을 성공할 때까지 해내는 자세, 그리고 목표를 달성할 때까지 끝없이 도전하는 지속의 힘이 성공의 필수 조건이라 믿었기 때문이다. 더는 안 되겠다고 한계를 느껴도 그때를 마지막이라고 여기지 마라. 오히려 그 순간을 다시 시작하는 새 출발점이라 믿고, 성공을 손에 넣을 때까지 정진하라. 포기하지 않는 강한 끈기, 그리고 자신에게 한계를 긋지 않는 도전 정신, 바로 이런 마음가짐이 위기를 기회로 바꿔 실패마저도 성공으로 연결 짓는 에너지가 아닐까.

수렵민족은 창과 바람총, 며칠간 버틸 식량과 물을 허리춤에 차고 사냥을 나간다. 먹잇감을 잡을 때까지는 집에 돌아갈 생각도 하지 않는다. 그렇게 그들은 가족의 생계를 유지했다. 먹잇감은 그들에게 쉽게 잡힐 만큼 호락호락하지 않다. 먹잇감이 지나간 발자취를 몇 날 며칠이고 추적해 어떻게든 보금자리를 찾아 목숨을 걸고 공격해 포획했다. 그러고는 포획물을 짊어지고 다시 몇 날 며칠을 걸어 가족이 기다리는 집까지 되돌아갔다.

이런 혹독한 환경에서 살아남기 위해서는 바위도 뚫을 만큼의 강인한 의지가 필요하다. 일단 목표를 정했다면 끝까지 포기하지 않고 뒤쫓는 끈질긴 집념이 있어야 한다. 한번 포착하면 목표한 먹잇감을 절대 놓치지 않았던 수렵민족의 집념은, 우리가 일을 할 때 반드시 유념해야할 성공을 위한 필수 조건이다.

내가 직원들에게 누누이 언급한 까닭이기도 하겠지만, 교세라 직원들에게는 '더 이상 할 수 없다고 생각될 때가 그 일의 시작'이라는 사고방식이 단단히 뿌리내려 있다. 그리고 그런 생각이 머릿속에 올곧게 박혀 있는 사람만이 교세라 직원이 될 수 있다.

'지금까지 모든 방법을 다 동원했는데 더 이상은 안 돼.'

이렇게 포기하고 싶을 때가 오더라도, 그것을 마지막으로 생각하지 마라. 오히려 그때가 제2의 출발점이다. 그리고 그때부터 더 강한 의지로 뜨거운 열정을 일으켜 무슨일이 있어도 끝까지 해내겠다고 다짐하라. 지금 우리에게는 수렵민족을 능가할 끈기와 의지가 필요하다.

고난도 행운도
영원하지 않다

힘들게 고생할 때야말로 절호의 기회라고 생각하라. 역경 만큼 사람을 강하게 단련시키는 것은 없기 때문이다.

순풍에 돛 단 듯 모든 일이 잘 풀릴 때는 오히려 더 주의를 기울여야 한다. 자칫 실수를 저지르기 쉽기 때문이다. 그런 사례는 우리 주변에서도 흔히 찾아볼 수 있다. 큰 성공을 거머쥔 경영자가 성공의 기쁨에 취하다 못해 교만에 빠지는 잘못을 저지르고, 그 일이 도화선이 되어 명예를 더럽히고 애써 키워온 회사를 휘청거리게 만드는 경우가 많다. 한순간의 잘못으로 자신뿐만 아니라 자신을 따르는 직원들의 삶도 송두리째 무너뜨리는 것이다. 이 세상에 흥하고 망하는 일이 흔하다고는 해도, 비극이 마치 당연한 일처럼 이곳저곳에서 들려올 때면 가슴이 아프다.

실패나 고난을 맞닥뜨렸을 때, 불평불만을 늘어놓거나 세상을 삐딱하게 바라보며 남을 질투하는 것만큼 초라한 일도 없다. 아무도 그런 사람에게 손을 내밀어주지 않는다. 오히려 시련을 담담하게 견디고, 오늘보다 내일 더 노력해 작지만 확실한 성공을 하나씩 자기편으로 끌어당기려는 노력이 필요하다. 성공과 행운을 만났을 때도 마찬가지로 교만하지 않고 진심으로 감사하며 더욱 노력을 거듭해 그 성공을 오래 유지해야 한다. 그런 과정을 통해 우리는 더 성숙한 인간으로 거듭난다.

나 역시 회사에 들어와 파인세라믹 연구에 몰두하기 시작했을 때 '나에게는 왜 이렇게 불행이 잇달아 덮쳐온단 말인가!', '앞으로 내 인생은 어떻게 되는 걸까?' 하며 탄식과 비관에 휩싸였다. 당시 내게는 연구를 지도해줄 상사도 없었고, 충분한 연구 설비도 갖추어져 있지 않았다. 열악한 환경에서 매일 이것저것 방법을 모색해가며 연구를 계속할 수밖에 없었다.

쓸쓸함과 괴로움, 고독감이 엄습해올 때면 한밤중에 기숙사 뒤편에 있는 작은 강둑에 나가 홀로 하늘을 올려다보곤 했다. 별이 가득 떠 있거나 달이 차올랐을 때, 그리고 잔뜩 흐린 날이나 당장이라도 가랑비가 내릴 듯 어두컴컴한 밤이면 혼자서 하늘을 올려다보며 가만히 고향을 그렸다. 부모님과 형제들을 생각하며 노래를 읊조렸다. 서글픈 노래를 부를 때면 온갖 서러움이 북받쳐 올랐다. 당장이라도 고향으로 달려가고 싶었다. 기숙사 선배들은 그런 내 모습을 보고 "이나모리가 또 울고 있어" 하며 수군거렸다.

모두가 비웃었지만, 나는 괴롭고 힘든 마음을 스스로 달래고 독려하려고 내 나름대로의 방법으로 노력했던 것이었다. 그렇게 노래를 다 부르고 나서 기숙사로 돌아갈 때면 이미 괴로움도 고독도 말끔히 사라졌다.

'왜 이렇게 약해? 넌 충분히 잘하고 있어. 앞으로도 잘할 거야. 이건 신이 너를 시험하려고 준 시련일 뿐이야.'

내일에 대한 희망과 용기를 품고 밝고 환한 마음으로 기숙사로 돌아가던 기억이 지금도 생생하다. 서글픈 가락도 행진곡처럼 경쾌하게 들렸고, 외로움도 달게 느껴졌다. 한 곡의 노래가 내게 용기와 힘을 준 것인지도 모른다. 그렇게 나는 나를 괴롭히던 좌절과 시련을 이겨낼 수 있었다.

인생에서 고난이 끊임없이 몰아치는 일은 없다. 물론 행운 또한 영원히 계속되지 않는다. 그러므로 일이 잘될 때는 교만하지 말아야 하고, 실의에 빠져도 좌절하지 말고 용기를 내어 매일매일 꾸준히 열심히 일하는 자세를 견지해야 한다. 시련 속에서도 열심히 노력을 계속하는 그 시간이 성공의 씨앗을 소중히 키우는 시간이란 것을 잊지 말아야 한다.

인생을 살면 이따금 실패할 때가 있다. 설사 실패와 맞닥뜨린다고 해도 결코 절망에 사로잡혀 감성적인 고민에 빠져서는 안 된다. 엎지른 물을 주워 담을 수도 없지 않은가. 삶은 그렇게 쉽게 끝나지 않는다.

'왜 그런 일을 했을까. 그렇게 하지 말았어야 했는데…'

'나는 그 정도밖에 안 되는 사람이야. 다시는 도전하지 않겠어.'

고민하고 자책한들 이미 벌어진 일은 어쩔 수 없다. 속상하겠지만, 지나간 일은 지나간 일로 잊는 것이 좋다.

그 대신 실패한 원인을 곰곰이 생각해보고 잘못을 돌아봐야 한다. 어쩌다가 그런 멍청한 실수를 하게 되었는지 원인을 따져보고 엄격히 반성해야 한다. 충분히 반성했다면, 그다음에는 깨끗이 잊어버려라. 인생에서도, 일에서도 언제까지고 지난 일에 질질 끌려 다니며 괴로워해봐야 백해무익일 뿐이다. 충분히 반성한 후에는 새로운 목표를 향해 밝고 가벼운 마음으로 행동으로 옮겨야 한다. 자기반성과 자책은 전혀 다른 결과를 초래한다.

어느 통계에 따르면 일본에서는 매년 자살하는 사람이 2만~3만 명에 이른다고 한다. 자살하는 사람 중 많은 사람이 감성적인 고민에 빠진 나머지 그런 극단적인 선택을 한 게 아닐까. 분명 인생에는 갖가지 고민이 따른다. 하지만 설령 더는 살아갈 수 없다고 생각될 정도로 어려운 일이 닥치더라도, 과거의 일로 마음을 어지럽혀서는 안 된다. 감성적인 마음이 불러일으킨 괴로움은 없애고 새로운 방향을 향해 새로운 행동을 일으켜야 한다. 이는 인생을 살아가는 데 매우 중요한 자세다.

인간은 실패와 실수를 되풀이하며 성장한다. 실패해도

괜찮다. 실수해도 괜찮다. 실패도 하고 반성도 하면서, 그것을 교훈 삼아 새로운 행동에 도전하라. 그런 사람만이 설사 궁지에 몰리더라도 나중에 반드시 성공을 이룰 수 있다.

●

어려운 일일수록
정면으로 맞서라

●

앞서도 말했듯이 교세라의 첫 고객은 마쓰시타 전기산업 이었다. 제품을 주문받을 당시에는 마쓰시타 그룹 덕분에 영세했던 교세라가 순조롭게 출발할 수 있어서 그들에게 무척이나 감사했다. 더구나 당시 일본에서 '경영의 신'이 라 불리던 마쓰시타 고노스케 회장의 경영 철학을 배우고 싶어 하던 내가, 그가 운영하던 기업에 제품을 납품한다 는 사실만으로도 가슴이 벅차올랐다.

하지만 마쓰시타 그룹과 거래를 계속하다 보니 가격과 품질, 납기일 등 모든 면에서 요구하는 기준이 너무 까다로웠다. 매순간 벽에 부딪치는 기분이 들 정도였다. 마쓰시타 그룹은 협력 회사들에 가혹했고, 제품에 조금이라도 하자가 있거나 납기일을 하루라도 지키지 못하면 그것으로 거래를 종료시키기로 악명 높았다. 그들과 거래한다는 것은 영광인 동시에 악몽이기도 했다.

특히 가격에 관해서는 더더욱 가혹했다. 마쓰시타 그룹 구매부에서는 해마다 대폭적인 가격 인하를 요구해왔다. 영세기업인 교세라 입장에서는 그들이 요구하는 가격으로 주문을 받아 제품을 납품하기가 여간 어려운 일이 아니었다. 그러다 보니 처음에 감사했던 마음도 점점 사라지고 말았다.

물론 이런 상황은 교세라만의 문제가 아니었다. 마쓰시타 그룹에 부품을 납품하고 있는 회사들의 모임에 참가했을 때, 여기저기서 불평의 목소리가 쏟아져 나왔다.

"하청업체에 대한 갑질이나 다름없습니다!"

"품질과 납기일도 맞추기 어려운데 가격까지 낮추라니요. 이런 횡포가 어디 있습니까?"

나 역시 빡빡한 그들의 요구에 구매 담당자와 언쟁을 벌인 적이 있어서, 불평을 쏟아내는 다른 회사들의 입장을 충분히 이해했다. 그렇게 마쓰시타 그룹과 거래를 끊는 회사들이 속속 생겨났다.

그런데 곰곰이 생각해보니, 마쓰시타 그룹의 무리한 요구는 교세라에겐 절호의 기회이기도 했다. 불만도 물론 있었지만 '그들이 나를 단련시켜주고 있다'는 생각도 들었다. 그들의 요구는 이제 막 걸음마를 시작한 교세라를 더욱 튼튼하게 단련시켜주는 시련이자 기회였던 것이다.

'이 정도 요구에도 대응하지 못한다면 회사도 나도 이류, 삼류에 머물고 말 것이다. 일류가 되기 위해서는 절대 포기해선 안 된다!'

'어려운 문제에 봉착할수록 정면으로 맞닥뜨려야 한다. 모처럼 내게 주어진 기회를 반드시 살리고야 말겠다!'

그렇게 나는 남들이 모두 손을 털고 거래를 끊는 와중에도 꿋꿋이 높은 기준을 지켜냈다. 또한 마쓰시타 그룹이 원하는 가격을 받아들이고, 어떻게 하면 이 가격으로 이익을 낼 수 있을지 필사적으로 고심했다. 그렇게 철저하게 원가를 낮추는 데 힘썼다. 그리하여 마침내 교세라는 마쓰시타 그룹의 최우수 거래 업체가 되었고, 이를 발판 삼아 사세를 확장시킬 수 있었다.

마쓰시타 그룹과 거래를 한 지 몇 년이 지났을 때의 일이다. 당시 한창 사업이 팽창하던 미국 서해안 지역의 한 반도체 기업에서 교세라의 제품을 눈여겨보고 주문을 해왔다. 다른 전자 부품 업체들에 비해 교세라가 만든 제품의 품질이 월등할 뿐 아니라, 가격 경쟁력도 훨씬 낫다는 평가에서였다. 납품 수량은 일본 내에서 납품하던 총량을 크게 뛰어넘었다.

그렇게 우리 제품을 해외로 수출하게 되었을 때, 비로소 나는 마쓰시타 그룹에 진심으로 감사함을 느꼈다. 일본에서의 1등을 넘어 미국에서도 1등을 할 수 있었던 배경에는 분명 마쓰시타 그룹의 혹독한 훈련이 큰 역할을 했으리라. 그래서 미국 반도체 회사와 계약한 후 일본으로 돌아와 그 즉시 마쓰시타 고노스케 회장을 찾아가 인사를 드렸다.

"교세라를 이만큼 발전하게 해주셔서 대단히 감사합니다."

전 세계에 통용되는 기술을 갖출 수 있었던 것은 분명 마쓰시타 그룹으로부터 엄격한 기준을 요구받았던 덕분이며, 어떻게든 그들의 기준을 맞추기 위해 필사적으로 노력한 결과였다. 마쓰시타 그룹이 예기치 않게 우리에게 준 시련이 우리의 능력을 크게 향상시키고 세계적인 수준의 경쟁력까지 갖추게 해주었다.

한편 그때 마쓰시타 그룹에 불평불만을 토로하고 납품을 포기한 제조업체들 중 상당수는 결국 도산하거나, 다른 분야로 옮겨 갔다. 오직 교세라만 우뚝 선 것이다.

자신이 처한 환경을 부정적으로 인식하고 반발과 원망하는 마음만 키워갈 것인지, 아니면 어려운 요구라도 자신을 성장시킬 절호의 기회라고 생각해 적극적으로 받아들일지는 오직 마음가짐에 달려 있다. 어떤 길을 선택하느냐에 따라 도착점은 크게 달라진다. 일도 그렇지만, 인생도 마찬가지다.

산이 가파를수록
정상도 가깝다

나는 쇼후공업에서 내 신념을 굽히지 않고 행동하다가 선배들과 상사, 그리고 노동조합으로부터 비난을 받으며 사내에서 고립된 적이 있다. 그들은 내가 급여도 제때 주지 않는 망해가는 회사에 저항하기는커녕 연구소에 처박혀 일만 한다며 나를 못마땅하게 여겼다. 게다가 열심히 일하다 보면 반드시 회사도 다시 일어설 수 있다고 말하는 나를 배신자 취급하기까지 했다.

그때 나보다 대여섯 살 많은 선배가 한 분 계셨는데, 그는 나와 달리 주위 사람들과 잘 어울리고 눈치도 빨라서 사내에 적이 없었다. 어느 날 그는 나를 불러 이런 조언을 해주었다.

"자네는 일할 때 너무 지나치게 옳은 길만 주장하는 경향이 있어. 한마디로 융통성이 없지. 주위 사람들로부터 이해받지 못하는 게 당연해. 인생을 살아가다 보면 좋은 의미의 타협도 필요할 때가 있어. 그리고 그건 살아가는 데 꼭 필요한 방편이야."

그 말을 듣고 잠시 동안은 '아, 그렇구나' 하고 생각했다. 그래서 그 선배가 말한 대로 적당히 현실과 타협해야 하는지 스스로에게 묻고 또 물었다. 하지만 역시 그건 내 방식이 아니었다. 내 결론은 달라지지 않았다.

'타협이라는 유혹에 절대로 흔들리지 않겠다. 신념을 굽히지 않고 열심히 일하는 것밖에는 내가 할 수 있는 일은 없다. 현실과 타협해 적당히 안주하는 순간, 내일은 없다. 스스로에게 부끄러운 짓을 해서는 안 된다. 그것이 진짜 내 모습이다.'

다시 초심으로 돌아가 마음속으로 이렇게 맹세했다.

나는 그때 높고 험준한 바위산을 수직으로 올라가고 있는 내 모습을 떠올렸다. 등산에 관한 기술도, 경험도, 장비도 없는 사람이 일행의 리더가 되어 구성원들을 이끌고 험난한 바위산을 기어 올라간다. 무서워서 발도 떼어놓지 못하는 사람, 도중에 낙오하는 사람도 생겨난다. 이때 안전만을 우선으로 생각한다면 우뚝 솟아 있는 바위산을 수직으로 오르지 말고 완만한 산기슭을 돌아 천천히 올라가야 함이 맞다. 그 방법이 선배가 가르쳐준 '적당히 현실과 타협'하는 현명한 방책일지도 모른다.

그러나 나는 손쉬운 길은 걷지 않기로 했다. 완만한 길을 택하는 순간, 정상과는 더 멀어질 것이 분명했기 때문이다. 안전한 방법으로 천천히 올라가는 동안에 험난한 정상까지 도달하려는 의지를 잃을지도 모른다. 혹은 의지를 잃거나 현실과 타협할 것이 분명하다.

'이상은 이상일 뿐 현실적으로는 여기까지밖에 오르지 못한다. 하지만 이 정도면 충분히 노력하지 않았나. 이쯤에서 만족하자.'

이렇게 변명하는 내 모습이 훤히 보이는 것 같았다. 조금이라도 나 자신과 타협한다면, 마침표를 찍는다면, 다른 일을 하더라도 그만큼밖에 하지 못할 것이 아닌가. 무모하다는 것을 알면서도 나는, 아무리 험준한 산이라도 계속 수직으로 올라가겠다고 결심했다.

마침 그 무렵 결혼을 생각하고 있던 연인에게 이렇게 고백하기도 했다.

"아무도 나를 따라오지 않는다 해도 당신만은 나를 믿고 따라와주지 않겠소?"

지금은 아내가 된 연인은 아무 말 없이 고개를 끄덕였다. 그리고 지금까지도 아내는 험준한 산을 수직으로 오르는 나를 보듬어주고 있다.

어려운 일을 만날 때마다 현실에 타협하고 쉬운 길을 택한다면, 비록 그 순간은 편할지 몰라도 꿈과 목표는 점점 멀어진다. 나중에 반드시 그 한순간의 타협을 후회하게 될 것이다. 우직하게 매일 내딛는 사람은 아무리 먼 길이라도 언젠가는 반드시 정상에 우뚝 설 수 있다. 바로 내가 그러했듯이.

인간은 실패와 실수를 되풀이하며 성장한다.

실패해도 괜찮다. 실수해도 괜찮다.

실패도 하고 반성도 하면서,

그것을 교훈 삼아 새로운 행동에 도전하라.

그런 사람만이 설사 궁지에 몰리더라도

나중에 반드시 성공을 이룰 수 있다.

5장

현재에 만족하는가

대담함과 세심함은 서로 모순된다. 하지만 이 둘을 모두 갖고 있어야 무슨 일이든 완전하게 해낼 수 있다. 마치 천을 짤 때 씨실과 날실이 필요한 것처럼 각자의 특징을 잘 살려 어우러지게 해야 한다. 세로로 내려오는 날실이 대담함이라면, 가로로 질러가는 씨실은 세심함이라 할 수 있다. 서로 상반된 방향으로 치닫는 두 요소를 교차시켜 만나게 하면 비로소 아름다운 천이 완성된다.

일을 할 때에도 대담함은 추진력을 주고, 세심함은 작은 것까지 챙기면서 실패를 막을 수 있게 해준다.

●

기왕 할 거라면
완벽하게 하라

●

나의 숙부(일본에서는 '부모의 남동생, 그리고 부모의 여동생의 남편'을 부르는 총칭이므로 작은아버지, 외삼촌, 고모부, 이모부를 가리킴 – 역자 주)는 제2차 세계대전 때 해군 항공대에서 정비사로 일했다. 숙부가 전쟁터에서 돌아와 내게 해주시던 이야기를 지금도 기억하고 있다. 당시 폭격기가 출격할 때는 정비사가 기관사로서 반드시 동석해야 했는데, 대부분 자신이 정비한 비행기가 아닌 동료가 정비한 비행기에 탔다고 한다. 비행기 이곳저곳을 열심히 정비했어도 막상 그 작업이 "정말 완벽했는가?"라고 질문을 받으면 "네, 완벽합니다!"라고 대답할 자신이 없기 때문에, 만약의 경우를 대비해 동료가 정비한 폭격기에 탔다는 것이다.

의사들에게도 이와 비슷한 이야기를 들은 적이 있다. 자신의 아이나 아내, 혹은 부모가 중병에 걸렸을 때 자신 있게 진단하지 못하는 의사가 많다고 한다. 수술은 더더욱 그래서, 자신이 그 분야의 전공의라도 다른 신뢰하는 의사에게 맡긴다고 한다. 가족을 수술해야 한다는 불안감 때문일 수도 있겠지만, 나는 꼭 그렇게 생각하지는 않는다. 아마도 비행기 정비사와 마찬가지로 스스로 자신감을 갖지 못해서일 것이다.

만약 내가 그들과 같은 상황이라면 나는 그 누구에게도 맡기지 않고 내가 직접 수술에 나설 것이다. '만약'이니까 그렇게 말할 수 있는 게 아니냐며 반문하는 사람도 있을 것이다. 그러나 내가 이렇게 말하는 데에는 분명한 이유가 있다. 내게는 매일이 목숨을 내놓고 벌이는 정면 승부였고, 그 하루하루의 축적을 통해 실력을 쌓았으며, 그 실력에 자신감을 갖고 있기 때문이다.

나는 지금껏 완벽주의로 일했고, 완벽주의로 제품을 만들었고, 완벽주의로 교세라를 경영해왔다. 매일매일 내가 하는 일에 집중하고, 그 누구보다 적극적으로 살아가는 것. 그것이 내게 완벽주의를 심어주었고, 그것이 나 스스로를 다그치는 회초리가 되어주었다.

완벽주의라는 것은 날마다 일에 진지하게 임할 때 비로소 생겨난다. 매일 완벽을 추구하기란 매우 힘들고 어려운 일이다. 정말로 만족할 만한 성과를 목표로 한다면, 완벽을 추구하는 수밖에는 달리 방법이 없다는 사실을 명심해야 한다.

99퍼센트도
부족하다

나는 젊은 시절부터 '완벽주의'를 삶의 신조로 삼아왔다. 이는 내 선천적인 성격인 동시에 제품을 만드는 일에 종사하며 후천적으로 몸에 밴 습관이기도 하다.

제품을 만들 땐 99퍼센트까지 일이 순조롭게 진행되더라도, 마지막 1퍼센트의 노력을 게을리한 탓에 모든 것이 물거품이 되는 일이 허다하다. 특히 파인세라믹 제품은 아주 미세한 흠집만 있어도 불량 판정을 받는다. 그래서 단 한 번의 실수나 아주 사소한 부주의도 일으키지 않으려 늘 신경을 곤두세우고 있다.

파인세라믹 제품은 산화알루미늄, 산화실리콘, 산화철, 산화마그네슘과 같은 분말 상태의 금속 산화물 원료를 섞어 틀에 넣고, 프레스 작업으로 형태를 만들어 고온의 소성로에서 구워낸다. 그 후에 제품을 더 연마하기도 하고 표면의 금속 가공 과정도 거쳐야 하므로, 최종 제품으로 완성할 때까지 꽤나 긴 공정이 필요하다. 그리고 그 모든 공정에 섬세한 기술이 요구되므로 한순간도 긴장의 끈을 놓을 수 없다.

모든 제품을 만드는 데는 99퍼센트의 노력도 부족하다. 한 가지 실수, 한 번의 타협, 한순간의 날림도 허용하지 않는, 100퍼센트의 노력이 필요하다. 마지막 1퍼센트의 노력을 게을리해 불량품이 발생하면 재료비, 가공비, 전기료는 말할 것도 없고, 그때까지 쏟아부은 시간과 노력, 지혜 등 모든 것이 허사가 되고 만다. 여러 단계의 제조 공정 가운데 단 하나의 공정에 아주 작은 실수라도 생기면 그때까지의 모든 노력이 물거품으로 돌아가는 것이다.

완성도가 떨어지는 제품을 만드는 것은 우리 제품을 기다리고 있는 고객에게도 막대한 피해와 손해를 끼친다.

교세라가 생산하는 전자 공업용 파인세라믹 제품들은 거의 대부분 고객에게 주문을 받아 제작을 시작한다. 이를 테면 전자기기 제조회사로부터 "저희 기기의 중심 부품에 교세라의 파인세라믹 제품을 사용하고 싶은데, 사양이 이러이러하니 언제까지 납품해주십시오"라고 영업 담당자가 주문을 받아오면 그때부터 제작에 들어가는 것이다. 즉, 고객은 교세라에서 납품하기로 계약한 날짜에 맞춰 자신들의 기기 생산 일정을 짜고 모든 계획을 세우므로 일정을 반드시 엄수해야 한다. 만약 제작 과정에서 단 하나의 실수라도 발생하면 우리는 납기 약속을 어기게 되고, 그 실수 때문에 우리가 쌓아온 신용마저 완전히 무너지는 상황을 맞닥뜨릴 수 있다.

약속한 납품 일자가 코앞으로 다가왔는데 작은 부주의 하나로 제품에 불량이 발생했다고 가정해보자. 제품의 전 공정이 2주가 걸린다고 쳤을 때 실수가 발생한 시점이 최종 출하 직전의 단계라면, 그 불량을 개선해 새로 작업하는 데 또다시 2주일이 걸린다. 그러면 영업 담당자가 급히 고객을 찾아가 손이 닳도록 사죄해야 할 것이다.

"정말 죄송합니다. 2주일만 더 기다려주십시오."

당신이 제품을 주문한 회사의 대표라면 이런 상황에 가만히 있겠는가?

"당신네 같은 회사를 믿고 발주한 탓에 우리 생산라인이 멈추지 않았소! 당신 회사와는 두 번 다시 거래하지 않겠네."

실제로 이런 일이 발생했을 때 우리 영업 담당자는 울상이 된 채 회사에 돌아오기도 했다.

그러한 경험이 있기에 나는 더욱더 '완벽'을 고집할 수밖에 없었다. 실수를 미연에 방지하려면 처음부터 마지막 순간까지 정신을 바짝 차리고 신경을 곤두세울 수밖에 없다. 또 아무리 사소한 과정이라도 100퍼센트의 집중력을 발휘해 몰입하여 일해야 한다.

이렇게 의식하고 집중하는 것을 '유의주의有意注意'라고 한다. 유의주의란 '뜻을 가지고 뜻을 기울이라'는 의미로, 뚜렷하고 진지하게 의식과 신경을 대상에 집중시키는 것이다. 반면, 소리가 들리고 난 후에야 돌아보고 주의를 기울이는 것을 '무의주의無意注意'라고 한다.

이런 유의주의를 당장 몸에 익혀 일에 임하기는 결코 쉽지 않다. 하지만 평소에 유의주의를 늘 의식하고 모든 일을 유의주의로 하려고 하는 습관을 들이다 보면 고도의 집중력을 발휘할 수 있다. 유의주의를 몸에 익혀 정신을 집중해 일에 매진하면 실수가 확실히 줄어들고, 어떤 문제가 발생하더라도 곧바로 문제의 핵심을 파악해 해결할 수 있다.

아무리 사소한 부분이라도 온 신경을 기울여 100퍼센트의 힘을 쏟아내지 않으면 안 된다. 교세라는 그렇게 완벽주의를 관철하며 창조적인 제품을 만들어냈고, 지금까지도 성장과 발전을 계속하고 있다.

'유의주의', 이것은 내가 완벽주의에 이르는 데 없어서는 안 될 창이었고, 지금도 나를 지켜주는 방패다.

잘못된 일은
지우개로 지울 수 없다

일을 잘하는 사람은 완벽주의를 관철하는 자세가 습관처럼 몸에 밴 사람이다. 이는 제조업뿐만 아니라 다른 모든 업종과 직종에서도 마찬가지가 아닐까 싶다.

교세라가 아직 작은 회사였을 때의 일이다. 당시 나는 장부를 샅샅이 검토하다가 잘 모르는 내용이 있으면 곧장 경리부장에게 달려가 꼬치꼬치 캐물었다. 그 때문에 경리부장이 곤혹스러워한 적이 한두 번이 아니었다. 더구나 그는 사장인 나보다 나이도 많았다.

재무제표를 읽는 법이나 복식부기 처리 방법 등 회계의

'ㅎ' 자도 모르는 사장이 이것저것 물으니, 그때마다 연장자인 경리부장은 은근히 싫은 기색을 보이기도 했다. 내가 나이는 더 어리지만 상사였기에 그도 건성으로 대답할 수는 없었을 것이다. 아마도 내심 '아무리 사장이라지만 매번 기초도 모르면서 엉뚱한 질문을 하다니, 너무 성가시게 구는 거 아니야?'라고 생각하며 어쩔 수 없이 대답했을 것이다.

그러던 어느 날 그동안 쌓인 내 불만이 폭발하고 말았다. 경리부장이 설명하는 수치를 제대로 이해하지 못한 나는 계속 같은 질문을 던지며 하나의 숫자를 놓고 꼬치꼬치 캐물었다. 장부를 앞에 두고 실랑이가 벌어졌다. 아무리 내가 회계를 모른다지만 그 숫자만큼은 도무지 그냥 넘어갈 수가 없었다.

"사장님께서 잘못 보신 겁니다. 이 숫자가 맞습니다."

경리부장은 나를 만만히 여기며 대응했다. 하지만 계속 쏟아지는 질문 공세에 다시 찬찬히 검토를 시작했고, 이내 숫자에 오류가 있었다는 사실을 발견했다. 그는 아차 싶었던지 가볍게 "죄송합니다"라고 말하고는 별문제 아닌 듯 지우개로 숫자를 지우고 다시 쓰려고 했다.

그 행동을 지켜보던 나는 어이가 없었고 화가 머리끝까지 치밀어 올랐다. 아무리 생각해도 그의 행동이 도무지 이해되지 않았다. 회계 업무라는 것이 단 하나의 숫자 오류만으로도 회사 운영에 치명타를 입힌다는 것을 그가 모를 리 없었다. 만약 내가 그 부분을 지적하지 않았더라면 고작 숫자 하나 때문에 회사는 큰 위기에 처했을 수도 있었을 것이다. 게다가 연필로 장부에 숫자를 기입하다니, 도무지 용인할 수 있는 문제가 아니었다.

"회사의 재무를 담당하는 사람이 나중에 지울 수 있도록 연필로 숫자를 쓰고는, 나중에 잘못되면 지우개로 지우고 고쳐 쓰면 된다고 생각하는 겁니까? 그런 마음으로 일하고 있으니 언제까지고 단순한 실수가 없어지지 않는 게 아닙니까!"

나의 불같은 화에 경리부장은 진심으로 잘못을 뉘우쳤다. 그리고 그 이후 장부에 연필로 숫자를 쓰거나 계산이 틀리는 일은 발생하지 않았다. 나는 한 번 혼을 낸 사람이 다시 똑같은 실수를 저지르지 않으면 그것만으로도 무한한 격려를 보낸다. 그 일 덕분에 나는 그에게 완전히 회계 업무를 맡길 수 있게 되었다.

유감스럽게도 실수가 발생하면 '지우개로 쓱쓱 지우고 다시 고쳐 쓰면 되지'라고 생각하는 사람이 많다. 그러나 지우개로 지울 수 없는 실수가 있다. 작은 실수 하나 때문에 프로젝트가 망하고, 거래처의 신뢰를 잃는 경우가 얼마나 많은가? '사람이기 때문에 실수할 수 있다', '실수가 발생하면 다시 고치면 된다'라고 생각하는 사람은 또다시 실수를 반복하기 마련이다. 어떤 경우라도 '다시 고치면 되지'라는 변명은 결코 용납되지 않는다.

사소한 것일수록
더 신중하라

일을 완벽하게 해내기 위해 유의주의와 함께 꼭 필요한 자세가 있다. 나는 쇼후공업에 입사해 파인세라믹 제품을 연구 개발하기 시작했을 무렵 이 사실을 깨달았다.

파인세라믹 분말을 섞을 때는 포트밀Potmill이라는 도자기제 분쇄기를 사용한다. 안쪽에 둥근 모양의 돌이 여러 개 들어 있어서 분쇄기를 회전시키면 그 돌이 움직이면서 원료 가루를 잘게 분쇄해준다.

어느 날의 일이었다. 나보다 쇼후공업에 먼저 입사한 선배가 세척장에 쭈그리고 앉아 수세미로 포트밀과 분쇄용 돌을 오랫동안 공들여 닦고 있는 모습을 발견했다. 언제나 성실히 일하고 좀처럼 말수가 적어 눈에 띄지 않는 사람이었는데, 그날도 역시나 포트밀을 세척하는 단순한 작업을 묵묵히 혼자 하고 있었다.

'후다닥 씻으면 될 것을… 참 요령도 없지!'

나는 속으로 그렇게 생각하며 그 자리를 떠나려다가, 문득 걸음을 멈췄다. 찬찬히 들여다보니 선배는 분쇄용 돌을 끌과 같은 도구로 깨끗이 닦아내고 있었다. 돌 중에는 간혹 흠집이 있어서 그 옴폭 패인 자리에 분말이 끼어 있는 경우도 있었다. 선배는 그 달라붙은 분말을 꼼꼼히 긁어낸 뒤 남은 흔적을 수세미로 정성껏 닦고 있었다. 그뿐만이 아니었다. 허리춤에 차고 있던 수건으로 씻은 돌을 하나하나 쓰다듬듯이 물기를 닦고 있는 게 아니던가.

그 모습을 본 순간 나는 머리를 한 대 얻어맞은 듯한 충격을 받았다. 파인세라믹은 매우 섬세해서 포트밀 안에 원료가 남아 있으면 그 찌꺼기가 불순물이 되어 원료를 정확하게 혼합할 수 없다. 그래서 매일 실험이 끝나면 사용한 기구를 깨끗이 세척해야 한다.

당시 나는 그 선배가 하던 세척 작업을 연구 개발과는

직접적인 관계가 없는 잡일이라고 생각했다. 그래서 늘 잽싸고 요령 있게 해치우곤 했다. 그런 식으로 엉성하게 닦았으니 불순물이 들어가 생각한 대로 실험 결과가 나오지 않았던 것이다.

이 사실을 깨달은 나는 부끄러운 마음이 들어 얼굴이 붉어졌다. 그리고 내가 그 선배와 달리 성과를 내지 못하는 이유가 무엇인지 곰곰이 생각했다. 내게 턱없이 부족한 세 가지는 바로 이것이었다.

먼저 세세한 부분까지 주의를 기울이는 자세다. 실험에 사용한 기구를 세척하는 보잘것없고 단순한 작업이라도, 아니 단순한 작업이기에 더욱더 정성껏 해야 할 필요가 있었다. "신은 디테일 속에 있다"라는 독일의 격언처럼, 일의 본질은 세세하고 단순한 데 있다. 일의 성과는 세세한 작업을 소홀히 하지 않는 자세에서 비롯되는 법이다.

둘째로 이론보다 경험을 중요하게 여기는 자세다. 무기화학 교과서에는 산화알루미늄, 산화실리콘, 산화철 등의 원료를 섞어 성형한 뒤 고온에서 구우면 파인세라믹이 완성된다고 쓰여 있다. 그런데 확실히 이론적으로는 맞는 말이지만 실제로 만들기는 그리 간단하지 않다. 현장에서 직접 손을 더럽혀가며 시행착오를 반복해보지 않고서는 알 수 없는 내용이 많다. 분쇄기 세척도 마찬가지였다. 이론과 경험이 서로 맞물려 결합할 때 비로소 놀라운 기술을 개발할 수 있는 법이다.

마지막으로 착실하게 작업을 계속하는 자세다. 일이란 매일 꾸준히 지속해야 발전이 있다. 도구 세척과 같은 단순한 일을 매일 계속하는 동안 확고한 기술과 경험이 축적된다. 그렇게 세세한 노력을 마다하지 않고 지속하는 힘이 없이는 뛰어난 제품을 만들어 자타가 만족할 만한 성과를 내기 어렵다.

그때 나는 선배로부터 일에 전념하기 위해 필요한 사고방식, 즉 일을 할 때 갖춰야 할 기본 자세를 배웠다. 그리고 이는 지금까지도 내가 늘 지키고자 다짐하는 태도다.

일을 하려면
손이 베일만큼 완벽히 하라

●

나는 완벽한 제품이란 '손이 베일 것 같은 제품'이라고 생각한다. 마치 새 지폐의 감촉과 질감처럼 보기에도 아름답고 조금도 나무랄 데 없이 확실한 가치를 지닌 제품, 나는 그런 제품을 '손이 베일 것 같은 제품'이라는 말로 표현한다.

　예전에 이런 일이 있었다. 나는 반도체 패키지를 파인 세라믹으로 만들기 위해 연구를 진행하고 있었다. 반도체 패키지란 전자기기에 사용되는 반도체 칩을 외부 환경으로부터 보호하는 동시에 전기 접속 역할을 하는 제품으로, 우리는 그 분야의 전문가를 리더로 임명했다. 이 분야의 연구는 교세라가 그때까지 한 번도 경험한 적이 없을 정도로 고도의 기술이 요구되는 혹독한 작업의 연속이었다. 샘플을 완성하는 데만도 상상을 초월하는 고생과 시간이 투입되었다.

"사장님, 고생은 했지만 결국 개발하는 데 성공했습니다!"

마침내 연구개발팀 리더가 완성된 샘플을 내게 가지고 왔다. 나는 그 샘플 제품을 손에 받아들고 유심히 바라보았다. 그 샘플은 분명 연구개발팀이 몹시 애를 태우고 고민을 거듭한 끝에 만들어낸 기술의 정수이며, 땀의 결정이라는 것을 너무나도 잘 알고 있었다. 하지만 나는 내가 목표한 이상적인 수준의 제품이 아니라고 판단했다. 어딘지 모르게 색이 탁하고 조금은 더러워 보였기 때문이다.

세라믹 반도체 패키지는 파인세라믹 원료를 질소와 수소의 혼합가스 속에서 구워 고체화시켜 만든다. 만약 그 위에 지방분 같은 불순물이 조금이라도 부착되면 소성을 할 때 그 부착물이 탄소로 변해 제품이 약간 회색빛을 띠게 된다. 나는 그 빛깔을 보고 '조금은 더러워 보인다'라고 느꼈던 것이다. 그래서 개발을 이끈 리더에게 다소 비정하게 들릴 만큼 냉정하게 이야기했다.

"성능은 좋을지 몰라도 이 상태로는 아무데도 쓸 수가 없네. 색이 칙칙하지 않은가."

내 말을 들은 리더의 얼굴색이 순식간에 붉어졌다. 전력을 다해 만들어낸 제품을 성능이 아닌 외견으로 단박에 평가받았으니 그럴 만도 했다. 예상대로 그는 성난 기세로 반박했다.

"사장님도 기술자이시니 논리적으로 평가해주십시오. 색이 칙칙한 것과 제품의 성능은 관계없지 않습니까?"

"물론 성능 면에서는 요구를 충족했을지 모르네. 하지만 이건 완성된 제품이 아니야."

이렇게 단호하게 말하면서 샘플을 퇴짜 놓았다. 훌륭한 성능을 갖춘 제품은 당연히 겉보기에도 깔끔하고 예쁘다. 다만 그렇다고 해도 '모든 면에서 완벽해야 한다'는 점을 잊어서는 안 된다. 외견은 '가장 바깥쪽에 있는 내용물'이다. 겉모습까지 완벽한 제품이 되어야 한다. 나는 그 리더에게 이렇게 덧붙여 말했다.

"세라믹은 본래 순백색이어야 해. 겉모습도 마찬가지

로 '만지면 손이 베이는 게 아닐까' 두려워질 정도로 아름다워야 하지. 겉모습이 그 정도로 훌륭하면 성능도 분명 최고인 제품일 걸세."

그렇게 나는 다시 한 번 '손이 베일 것 같은 제품'을 만들자고 호소했다. 너무나 훌륭하고 완벽해서, 마치 손을 대면 베일 듯한 기분이 드는, 그 정도로 완전무결한 제품을 추구해야 한다는 걸 꼭 전하고 싶었다.

생각해보니 '손이 베일 듯한'이라는 표현은 어릴 때 부모님이 내게 자주 사용하시던 말이었다.

"무슨 일이든 손이 베일만큼 하라. 그러지 않으면 제대로 했다고 할 수 없다."

눈앞에 정말로 멋진 것이 있을 때, 사람은 그 물건에 손을 대기조차 망설일 정도로 동경의 마음을 느끼기 마련이다. 내 부모님은 그것을 '손이 베일 것 같은'이라는 말로 표현했고, 무심코 그 말이 내 입에서도 나왔던 것이다.

이보다 더 좋은 제품은 없다고 확신할 수 있는 제품을 만들 때까지 노력을 아끼지 마라. 그것이 바로 완벽주의 정신이다. 또한 이 정신이야말로 창조라는 높은 산의 정상을 목표로 하는 자에게 반드시 필요한 마음가짐이다.

생생히 그릴수록
꿈은 가까이 다가온다

어떤 목표를 이루고자 한다면 그 목표 지점을 정확하고 생생하게 그려야 한다. 그리고 그 목표를 실현해나가는 순간마다 목표한 지점을 계속 떠올리며 정진해야 한다. 이는 내가 인생을 살아오며 얻은 교훈이다.

1984년에 나는 본업과는 전혀 무관한 휴대전화 사업에 뛰어들었고, 다이니덴덴(현 KDDI)을 설립했다. 그때 내가 "앞으로 휴대전화의 시대가 올 것입니다"라고 말을 꺼내자, 주변 사람들은 모두 고개를 갸웃거리며 "그런 일은 절대 있을 수 없습니다"라고 대답했다. 부정적인 반응이 충분히 예상됐지만 나는 반드시 그런 시대가 올 것이라고 확신했다. 내게는 미래가 확실히 '보였기' 때문이다.

휴대전화라는 무한한 가능성을 내포한 제품이 어느 정도의 속도로 어떻게 보급될 것인지, 또 어느 정도의 가격과 크기로 시장에 유통될 것인지 그 이미지가 사업을 시작하기 전부터 또렷이 보였던 것이다. 나는 교세라에서 반도체 부품 사업을 추진하는 동안 휴대전화를 둘러싼 기술의 혁신과 그 속도에 관한 정보와 지식을 충분히 축척한 상태였다.

당시 '숄더폰'이라고 불리던 일본 최초의 휴대전화는 어깨에 메고 다녀야 할 정도로 그 크기가 컸다. 나는 그 모습을 보면서 머지않아 이 커다란 휴대전화를 구성하는 여러 전자 회로를 작은 반도체로 제작하면 휴대전화의 크기가 획기적으로 작아질 것이고, 그렇게 되면 휴대전화라는 새로운 상품의 시장이 말도 못하게 커질 것이라고 예상했다. 거기에 계약금은 얼마가 될지, 매월 기본요금은 얼마가 될지, 통화료는 어느 정도가 될지 등 미래의 요금제 시스템까지도 구체적으로 예측했다. 그때 내가 말했던 요금을 어느 임원이 수첩에 메모해두었는데, 나중에 실제로 휴대전화 사업이 시작된 후 그 수첩을 펼쳐보았더니 실제로 책정된 요금 체계와 거의 같아서 깜짝 놀라기도 했다. 바로 이것이 '목표 지점을 정확하고 생생하게 그린다'는 의미다.

목표 지점을 정확하고 생생하게 그리는 방법은 어렵지만 단순하다. 생각에 생각을 거듭하고 시뮬레이션을 되풀이하는 것이다. '이런 모습이 되겠다', '이런 제품을 만들겠다'라는 꿈을 이루고자 한다면, 그 마음을 절실한 소망으로 끌어올려 하루 종일 그 일만 생각하라. 성공의 이미지가 환히 눈앞에 '보일' 때까지 매진해야만 비로소 소망을 결실로 이룰 수 있다. 이렇게 구석구석까지 명료하게 머릿속으로 그리는 사람은 그 누구도 이길 수 없다.

아마도 처음에는 그저 '생각'하는 수준에 불과할 것이다. 하지만 그 생각은 점점 현실로 다가오고, 마침내는 꿈과 현실의 경계가 사라져 이미 실현된 것처럼 생생하게 느껴질 것이다. 그 완성된 형태가 머릿속 혹은 눈앞에 극명하게 그려질 때까지 매진해야 한다. 흑백으로 보인다면 아직은 생각이 충분치 못하다는 증거다. 더욱 선명한 색채로 보일 때까지 생각에 생각을 거듭하라.

섬세한 감각을
연마하라

간혹 제조 현장에서 기계가 이상한 소리를 내며 돌아갈 때가 있다. 이럴 때마다 나는 담당자를 불러 이렇게 질책한다.

"자네는 지금 이 소리가 들리지 않는가? 기계가 울고 있는 소리 말일세."

기계의 이상은 종종 소리로 나타난다. 어제까지는 매끄럽고 청명한 기분 좋은 소리를 냈는데, 오늘 갑자기 미묘하게 거친 소리를 내는 것은 기계에 이상이 생겼다는 분명한 신호다. 그런데 겉으로 보기에 기계의 움직임이 달라지지 않았다는 이유로 그 이상을 감지하지 못하고 넘어가는 경우가 많다. 나는 현장에서 일하는 사람의 '감각'이 섬세하지 않은 점을 문제로 지적하고, 그 감각을 연마하도록 엄하게 꾸짖는다.

이러한 습성이 몸에 밴 탓일까? 회사 차에 타고 있을 때도 평소와 다른 이상한 소리를 들으면 바로 운전기사에게 묻고는 했다.

"잠깐만, 차가 좀 이상하지 않나?"

그러면 대다수의 운전기사들은 "아닙니다, 사장님. 평소와 같습니다"라고 대답하면서 아무 일도 없다는 표정을 짓는다.

이것은 감각의 차이다. 감각이 예리하지 않으니 같은 현상을 겪고도 한쪽은 변함없다고 말하고 다른 한쪽은 다르다고 말하는 것이다. 실제로 그 차를 정비소에 보내 살펴보면 베어링 구슬이 하나 빠져 있거나, 어딘가에서 반드시 결함이 발견되고는 했다. 이렇듯 섬세한 감각은 일을 완벽하게 해내는 데 꼭 필요한 요소다. 감각이 둔하면 제품에 결함이 생겨도 알아채지 못하고, 그 해결책을 애써 일러줘도 해결하지 못한다.

마찬가지로 나는 직원들에게 정리정돈을 잘하라고 까다롭게 주의를 준다. 이 또한 감각의 문제다. 내가 자주 주의를 준 까닭인지 불시에 현장을 방문해도 대개는 깨끗하게 유지되지만, 가끔은 검사대나 책상 위에 자료들이 어지럽게 놓여 있을 때가 있다. 책상도 종이도 그 형태가 사각이므로 책상 위에 자료가 비스듬히 놓여 있거나 옆으로 쓰러져 있으면 왠지 모르게 불안정한 느낌을 받는다.

"책상은 사각형이니까 물건도 거기에 맞춰서 놓지 않으면 조화가 깨지고 어수선해지지. 사각으로 된 곳에는 자료도 각을 맞춰서 놓게나."

내가 그렇게 지적하면 직원들은 그제야 비스듬히 놓여 있던 자료와 사무집기를 책상의 가장자리와 평행이 되도록 전부 정리해놓는다. 물건을 정리할 때에도 조화를 생각하는 감각이 필요한 것이다.

일에서도 마찬가지다. 사각형 책상 위에 네모난 서류가 여기저기 흩어져 여러 방향으로 놓여 있는 모습을 보고도 불안정하거나 부자연스럽다고 여기지 못한다면, 일에서도 완벽하게 해내기는커녕 완벽한 일이 무엇인지조차 이해하지 못할 것이다.

아주 작은 결함도 놓치지 않겠다는 정신, 그리고 그것을 알아채는 날카로운 감각. 그런 섬세한 감각을 지녀야 문제가 발생했을 때 그 문제를 바로 알아차리고 대책을 세워 완벽하게 일을 매듭지을 수 있다.

최고가 아닌
완벽을 꿈꿔라

교세라를 창업하고 20년 정도 지났을 무렵의 일이다. 세계 최대 유전기업 슐룸베르거의 장 리부 사장이 일본을 방문했다.

슐룸베르거는 석유를 굴착할 때 어느 정도 파 내려가야 석유층에 닿을 수 있는지, 그 거리를 전파를 사용해 측정하는 회사로 해당 분야에서는 상당히 고도의 기술을 보유한 우량 기업이었다. 더구나 장 리부 사장은 프랑스 명문가 출신으로, 당시 프랑스 사회당의 유력 정치인들과도 친분이 두터웠고 한때는 프랑스 정부의 각료 후보에 오르기도 했다.

그 리부 사장이 일본을 방문했을 때 바쁜 일정 중 짬을 내어 나를 만나기 위해 교세라 본사가 있는 교토에 왔다.

'전혀 다른 분야의 기업 경영자가 왜 나를 만나러 왔을 까?' 하며 의아하게 생각했는데, 생각해보니 그와 경영 철학에 대해 이야기할 수 있는 좋은 기회인지라 흔쾌히 회사로 초대했다.

나는 슐룸베르거라는 회사와 리부 사장에 대해서도 잘 알지 못했다. 하지만 실제로 만나보니 역시 회사를 세계 최고의 기업으로 키워낸 인물답게 훌륭한 경영 철학을 가지고 있었다. 우리는 처음 만나는 자리인데도 마음이 잘 맞아, 훗날 그의 제안으로 미국에서 다시 만나 밤늦게까지 이야기를 나누었다. 리부 사장은 내게 슐룸베르거는 '최고 수준'을 모토로 일하고 있다고 말했다. 나는 그의 말이 백번 옳다고 수긍하면서도 내 생각을 분명히 말했다.

"최고라는 말은 다른 것과 비교해 그중에서 가장 좋다는 의미이므로 상대적인 말입니다. 따라서 수준이 낮은 것들 가운데서도 최고는 존재하지요. 저희 교세라가 추구하는 목표는 다릅니다. 저희는 최고가 아니라 완벽을 추구합니다. 다른 것과 비교하지 않고, 오직 가장 완벽한 가치만을 생각하는 것이지요. 최고는 상대적이지만 완벽은 절대적입니다. 다른 상대가 어떻든지 간에 완벽을 넘어서는 것은 이 세상에 존재하지 않는다고 생각합니다."

그날 밤 리부 사장과 나는 '최고 대 완벽'을 주제로 날이 새도록 이야기를 나누었다. 그렇게 서로의 경영 철학을 주고받다가, 마침내 이런 결론에 다다랐다.

"사장님 말이 맞습니다. 앞으로 우리 슐룸베르거도 '최고'가 아닌 '완벽'을 모토로 삼아 일해야겠습니다."

그랬다. 망하기 직전의 회사에 입사해 그 누구보다 일에 전념했던 것도, 영세한 회사인 교세라를 세계 최고 기업으로 성장시킨 것도 모두 '완벽함이 최고'라는 내 신념에서 비롯된 결과였다. 내가 생각하는 완벽주의는 '더 좋은 것'이 아닌, '이보다 더 좋을 수 없는 것'을 추구하는 자세다. 최고이기 이전에 완벽해야 하고, 완벽하지 않은 제품은 아무리 고단한 개발 과정을 거쳤어도 처음부터 다시 만들며, 오직 완벽한 제품만을 세상에 선보이는 것. 그 것이 교세라의 제품이 다른 기업의 제품들보다 월등히 뛰어난 비결이다. 그리고 오늘도 나는 최고가 아닌 완벽한 인간이 되기 위해 묵묵히 나의 길을 걸어가고 있다.

'다시 고치면 되지'라는 변명은 결코 용납되지 않는다.

평소에 유의주의를 명심하고,

사소한 실수도 그냥 넘어가지 말고

완벽주의를 관철해야 일을 더 잘할 수 있다.

그리고 이를 통해 인격도 성장하는 법이다.

6장

창조적으로 일하는가

자신에게 주어진 일에 인생을 걸고 열심히
하는 것도 중요하지만 그게 전부는 아니다.
매일 전심전력으로 일에 몰두하면서도 항
상 이대로 좋을까 하고 자문하며 반성해야
한다.

매일 '이대로 좋은가?'와 '왜?'라고 자문하며
어제보다 나은 오늘, 오늘보다 나은 내일을
추구해보라. 주어진 일에 대해 끊임없이 개
선하고 개량하다 보면 전에 없던 새로운 무
언가가 저절로 만들어질 것이다.

남들이 가지 않은
길을 가라

"이번에 하려는 일은 사람들이 모두 '우리가 결코 해낼 수 없다'고 말한 일입니다."

풀리처상으로 언론인 최고의 영예를 안은 미국의 저명한 저널리스트 데이비드 핼버스탬은 자신의 저서 『다음 세기The Next Century』에서 한 챕터를 통째로 할애해 교세라와 나에 관해 자세히 서술했다. 그리고 거기에 내가 한 위의 말을 그대로 인용해 실었다.

핼버스탬은 내가 교세라를 창업한 이후 이러한 정신으로 끊임없이 신제품을 개발하여 새로운 사업에 도전해왔다고 소개했다. 나 역시 이에 동의한다. 내가 걸어온 인생을 되돌아보면 나는 단 한 번도 누구나 잘 알고 있는 '익숙한 길'을 걸어온 적이 없었다. 어제 지나온 길을 오늘 다시 걸어간다거나, 다른 사람이 이미 지나온 길을 따라 걷는 것이 영 성격에도 맞지 않아서, 항상 아무도 지난 적이 없는 새로운 길을 굳이 선택해 걸으며 지금 이 자리에 이르렀다. 물론 그 길은 아무도 지나지 않은 길이었기에 결코 평탄하지 않았다. 그런 상황을 나는 이렇게 비유한다.

"길이라고도 말할 수 없는, 논두렁길 같은 진창길을 평생 걸어왔다. 미끄러져 발이 빠지기도 하고, 갑자기 눈앞에 나타난 개구리나 뱀 때문에 놀라 까무러치기도 했지만 그래도 한 발자국씩 계속 걸어왔다. 그러다 문득 옆을 돌아보면 매끈하게 포장되어 있는 아스팔트길 위로 자동차와 사람들이 지나다니고 있었다. 발밑을 보며 '내 선택이 옳은가?', '나도 편한 길을 걸어야 하나?'라고 고민했지만, 그럼에도 나는 나의 의지로 굳이 사람들이 다니지 않는 진창길을 걸어왔다."

매끈하게 포장된 길은 누구라도 걷고 싶은, 안전하고

편리한 길이다. 하지만 그렇게 포장된 길을 다른 사람의 뒤를 따라 걷는다면 세상에 없던 놀라운 성취를 만날 기회는 영영 없을 것이며, 늘 같은 것만 보고 같은 것만 생각하게 될 것이다.

'수많은 사람이 이미 걸어간, 아무것도 남아 있지 않은 평탄한 길을 걷기보다는 힘들어도 새로운 것을 발견할 가능성이 있고 더 큰 성과를 기대할 수 있는 길을 걸어가자.'

나는 언제나 그렇게 생각했다.

지금 당신은 어떤 길을 걸어가고자 하는가? 어떤 길을 택할 것인지는 그 누구도 강요하지 않는다. 선택은 오직 당신의 몫이다. 그리고 그 선택에 대한 책임과, 그 선택으로 얻을 결과의 크기 역시 오직 당신의 몫이다.

·

오늘은 어제와
같을 수 없다

·

나는 교세라를 창업하고 오늘에 이르기까지 60여 년의 역사 속에서 파인세라믹의 특성을 활용한 각종 산업용 부품을 비롯해 반도체 패키지 등의 전자 부품, 나아가 태양광 발전 시스템과 복사기, 휴대전화에 이르기까지 폭넓은 사업 분야에 도전해왔다. 또한 전자 부품과는 전혀 다른 분야인 통신과 호텔 사업도 벌여왔다. 내가 그만큼 다양한 기술을 가지고 있었기 때문일까? 아니다. 그것은 60여 년간 항상 창조적인 일을 하겠다는 신념을 굽히지 않고 지금껏 그 신념을 끊임없이 실천해온 결과일 뿐이다.

나는 매일 '창조적인 일을 한다'는 말을 적어도 한 번은 되뇌며 일한다. 비록 하루 동안 이룬 진전이 미미할지라도, 그것이 10년간 지속되면 상상할 수 없는 엄청난 변화가 생기기 마련이다. 그 예로 내가 잘 인용하는 소재가 청소다.

청소는 사람들이 귀찮아하는 일 중 하나다. 더러운 일이라 꺼려지기도 하고, 남의 뒤치다꺼리를 하는 기분이라 영 내키지도 않는다. 더구나 아무리 깨끗이 해도 하루만 지나면 금세 원래대로 돌아가고, 잘했다고 칭찬을 받을 수 있는 일도 아니다. 하지만 어쩔 수 없이 해야 한다면, 아무리 단조롭고 귀찮은 청소도 의외로 재미있을 수 있다.

예를 들어 어제까지 빗자루로 사무실 바닥을 오른쪽에서 왼쪽으로 쓸었다면 오늘은 네 모퉁이부터 중앙으로 향하며 쓸어보라. 빗자루질만으로 깨끗해지지 않는다면 대걸레를 사용해보라. 대걸레로도 만족스럽지 않다면 상사에게 제안해 청소기를 사는 것도 방법이다. 그리고 청소기를 좀 더 효율적으로 사용하는 방법을 궁리해본다면 청소도 날마다 새롭게 느껴질 것이다.

이렇듯 청소 하나를 할 때도 어떻게 하느냐에 따라 무궁무진한 방법을 궁리할 수 있다. 그런 식으로 매일 연구하다 보면 1년 후에는 남들에게 청소 노하우를 알려줄 수도 있고, 청소 분야의 전문가가 될 수도 있을 것이다. 좀 더 투자한다면 건물 청소를 맡아 하는 용역 회사를 설립해 키워나가는 일도 가능해지지 않을까?

어쩔 수 없이 해야 하는 일이라고 투덜대며 시시하게 생각해 건성건성 해치우는 사람은 1년이 지나도, 10년이 지나도 변함없이 똑같은 하루를 보내고 있을 것이다. 그리고 이는 비단 청소에만 해당하는 얘기가 아니다.

예로 든 청소는 일과 인생에도 고스란히 적용할 수 있다. 아무리 작은 일이라도 적극적으로 해내고, 문제의식을 갖고 고민하고, 현재 상황을 개선하려고 늘 머리를 짜내는 사람과 그렇지 않은 사람에게는 장기적으로 보면 놀라울 정도의 차이가 생긴다. 그것은 현재 상황에 싫증 내지 않고, 현실에 안주하지 않고, 조금이라도 더 나은 상황을 꿈꾸고, 날마다 더 발전하고 싶은 마음이 있느냐 없느냐의 차이이기도 하다.

매일 약간의 창의와 궁리를 더해 어제보다 한 걸음 더

앞서간 오늘을 창조하라. 그렇게 앞으로 나아가려는 마음
가짐이야말로 일과 인생에 더없이 중요하며, 진정한 창조
의 길로 다가가는 비결이다.

비전문가가 전문가보다
더 크게 성공하는 이유

●

교세라를 비롯해 닌텐도, 옴론, 무라타제작소, 롬 등 교토에 있는 우량 기업 대다수가 그 분야의 비전문가, 즉 문외한들에 의해 설립되었다.

원래 나도 대학에서는 유기화학을 전공했다. 무기화학인 파인세라믹 연구에 종사한 것은 대학을 졸업하기 직전이었으니 나 역시 이 분야의 문외한이나 다름없었다.

가정용 게임기인 패미컴의 히트로 세계적인 기업이 된 닌텐도도 원래는 화투와 트럼프를 만들던 회사였다. 이런 전통적인 회사를 닌텐도로 급성장시킨 제3대 사장 야

마우치 히로시山內博 역시 과거에는 게임기의 하드웨어와 소프트웨어를 한 번도 만들어본 적 없는, 그 분야의 문외 한이었다.

세계적인 제어기기 제조 기업인 옴론도 마찬가지다. 전쟁 이후 창업자인 다테이시 가즈마立石一真가 미국에서 처음으로 마이크로스위치를 보고 '앞으로 일본에도 반드시 이런 부품이 필요해질 것'임을 직감한 것이 사업의 시작이었다. 다테이시 사장 역시 그때까지 약전용 부품을 만들어본 적 없는, 역시나 문외한 중 한 사람이었다.

'모든 제품에는 무라타가 들어 있다'라는 말이 있을 정도로 크게 성장한 세계 1위 콘덴서 제조사 무라타제작소의 창업자 무라타 아키라村田昭도 원래는 일본 전통공예 도자기 기요미즈야키의 고향으로 불리는 교토 히가시야마에서 아버지를 도와 일을 했다고 한다. 그는 전쟁 중에 우연히 군대로부터 산화티탄을 사용한 콘덴서를 만들어 줬으면 한다는 요청을 받고 새로운 분야에 도전했고, 그 것이 지금의 무라타제작소가 되었다.

집적회로와 반도체 제조업체인 롬의 창업자 사토 겐이치로佐藤研一郎 역시 원래는 음악을 전공한 사람이라고 한다. 학창 시절에 탄소 피막 저항기(세라믹 막대 표면에 얇은 탄소막을 입혀 저항체로 이용하는 고정 저항기 – 역자 주)의 생산성을 높이는 기술을 개발했고, 그 기술을 토대로 사업을 벌인 것이 창업의 계기가 되었다. 그런 의미에서 그 역시 해당 분야의 문외한이었다.

문외한이 자신과 전혀 상관없는 분야에서 최고경영자로 이름을 날리고, 그 회사가 남다른 전문성을 갖추게 되는 것은 우연이 아니었다. 전문가에 비해 지식도 경험도 없는 문외한이 유독 빛나는 데는 다 이유가 있다. 그것은 바로 '자유로운 발상' 때문이었다.

문외한은 기존의 개념이나 관습, 관례에 얽매이지 않는다. 초보이기 때문에, 아무것도 모르기 때문에 자유롭게 생각한다. 바로 이것이 교토의 전문 기업들이 성공한 비결이자, 새로운 일에 맞서는 그들만의 가장 강력한 무기다.

교세라를 세운 후 몇 년이 지났을 때, 업계의 선발주자이자 교세라보다 훨씬 규모가 큰 일본 유수의 세라믹 제조업체로부터 제품을 생산해달라는 의뢰를 받았다.

"미국과 유럽의 완제품 업체로부터 파인세라믹 주문량

이 늘어, 자체 생산만으로는 감당하기 어렵습니다. 교세라가 도와주면 고맙겠습니다."

처음에는 교세라보다 큰 업체가 손을 잡자고 제안해주니 여간 반갑지 않았다. 하지만 가만히 들여다보니 그 업체가 우리에게 손을 내민 다른 이유가 보였다. 교세라와의 협력을 통해 우리의 파인세라믹 기술을 자기네 회사로 흡수하려는 것이었다.

상대의 숨은 의도를 간파한 나는 딱 잘라 거절했다. 그때 그 회사의 사장이 한참을 망설이더니 속마음을 털어놓았다.

"우리 회사 연구소에는 유명 대학에서 공부한 우수한 연구자가 많습니다. 그런데 미안한 말씀이지만, 이나모리 씨는 지방대 출신에, 게다가 유기화학 전공자라고 들었습니다. 더구나 교세라에는 박사 연구자도 거의 없다고 하더군요. 그런데 어째서 교세라에서는 되고, 우리 회사에서는 불가능한 것일까요."

그때 나는 알았다. 창조라는 것은 문외한이 하는 일이지 전문가가 하는 게 아니라는 것을. 내 대답은 이랬다.

"새로운 일을 해낼 수 있는 사람은 그 어떤 것에도 얽매이지 않는 초심자이지, 그 분야에서 경험을 쌓아 많은 지식을 갖춘 전문가가 아닙니다. 모험심이야말로 창조의 원천이기 때문입니다."

이 글을 읽는 당신도 지금 원하는 분야의 전문가가 아니라고, 배운 것이 많지 않다고 실망하거나 주저앉지 말길 바란다. 오히려 틀에 얽매이지 않는 자유로운 발상과 충만한 의욕을 갖추고 있다면 새로운 일에 도전할 자격이 충분하다.

●

동기가 선하고
사심이 없는가

●

1982년, 나는 교세라의 경영 방침 발표회에서 다음과 같은 슬로건을 내걸었다.

"결코 포기하지 않는 불굴의 마음이 새로운 계획을 성공시킵니다. 오로지 마음으로 간절히 원하십시오. 고고하게, 강인하게, 그리고 한결같이!"

이 말은 내가 가장 존경하는 철학자 나카무라 덴푸中村天風의 저서에서 인용한 구절이다. 새로운 계획을 실현하길 바란다면 어떤 일이 있어도 결코 포기하지 말고, 오직 한결같이 높은 기상으로 강렬하게 꿈을 그려야 하며, 그렇게 노력하면 아무리 어려운 목표라도 반드시 달성할 수 있다는 의미다.

그때 내가 이 경영 슬로건을 통해 직원들에게 말하고 싶었던 것은, 무언가를 열망하는 인간의 마음속에는 세상 모든 일을 성공으로 이끄는 강인한 힘이 들어 있으며, 그 의지가 강렬하고 순수하고 한결같을수록 더 큰 힘이 발휘되어 불가능하다고 여기는 계획과 목표마저도 실현할 수 있다는 의미였다.

하지만 많은 사람이 인간의 마음에 이 정도로 강력한 힘이 숨어 있다는 사실을 잘 알지 못한다. 그래서 새로운 계획을 세우자마자 '시장 환경이 달라지지는 않을까?', '생각지도 못한 장애물을 만날지도 몰라', '실패하면 어떡하지?' 하고 금세 쓸데없는 걱정에 사로잡히곤 한다. 미리 앞서 걱정하거나 마음에 일말의 불안과 걱정을 품기만 해도 마음이 지닌 강렬한 힘은 크게 약해져, 결국 계획과 목표 달성은 물 건너가고 만다.

'새로운 계획을 이루려면 그 일에 열중하고 마음을 굳게 다져야 한다'고 말한 2년 후에, 나는 그 강렬한 의지가 얼마나 위대한 힘을 발휘하는지 직접 증명해 보이고 많은 이들과 그 힘을 공유하기 위해 교세라를 모체로 해 새로운 통신 사업체 다이니덴덴을 세워 통신 사업에 뛰어들었다.

1984년 일본의 통신 시장에 경쟁이 처음 도입되어 누구나 자유롭게 통신 사업을 시작할 수 있게 되자, 교세라 외에 두 기업(일본고속통신과 일본텔레콤 – 역자 주)이 사업자로 이름을 올렸다. 다이니덴덴은 다른 두 회사에 비해 기술력이나 인지도 면에서 압도적으로 불리하다는 평가를 받았다.

"교세라는 전기 통신 사업을 한 경험이 없다. 또한 교세라에는 통신 기술이 축적되어 있지 않아 다른 두 회사처럼 기존 철도 노선과 고속도로를 이용해 케이블을 끌어낼 수 없다. 이 때문에 처음부터 통신망을 독자적으로 개척해야 하고 그러려면 막대한 인프라부터 갖추어야 한다. 그리고 회사의 규모가 작기 때문에 단기간 안에 고객을 확보할 수 없을 것이다."

그런데 실제로 뚜껑을 열어보니, 아무런 기반도 없이 불리한 상황 속에서 출발한 다이니덴덴이 영업 개시 직후부터 세 개 기업 가운데 가장 뛰어난 실적을 올렸다. 이는 다이니덴덴이 비록 전기 통신 분야에서는 다른 두 회사보다 뒤져 있었지만, 신규 사업에 대한 간절한 열망만큼은 더욱 강렬하고 순수했기 때문이다.

꺾이지 않는 열망만 있으면 기술이나 노하우는 나중에 얼마든지 도입할 수 있다. 나는 '통신 요금을 일반 대중의 눈높이에 맞춤으로써 정보화 사회에 국민들에게 공헌한다'는 절실하고도 진실된 대의명분을 세웠고, 이를 실현하기 위해 다이니덴덴을 설립했다. 또한 사회에 공헌하고자 하는 내 염원이 진실로 기개 높고 순수한 것인지 아닌지를 점검하기 위해 '동기가 선하고 사심이 없는가?' 하는 물음을 끊임없이 스스로에게 던졌다.

'통신 사업을 하고 싶다는 의지가 나 자신이 부자가 되고 싶어서인가?'

'더 유명해지고 싶어서인가?'

'내 개인적인 욕심을 채우기 위해서인가?'

'정말 세상과 사람을 위해서라는, 사심 없는 선의에서인가?'

이런 질문들을 몇 개월 동안 묻고 또 물었다. 그리고 마침내 내 마음에 조금도 사심이 없음을 확인하고 나서야, 나는 통신 사업에 진출했다.

당시 교세라는 도쿄에서 인지도가 낮은 데다 매출도 2500억 엔밖에 되지 않는 지방의 일개 중견기업에 불과했다. 그런 회사가 매출이 몇 조 엔에 달하는 국책회사 일본전신전화주식회사(NTT)와 경쟁했으니, 마치 창 하나만 들고 풍차에 달려든 돈키호테와 같은 꼴이었다. 하지만 나는 성공을 의심하지 않았다. 인간의 절실한 염원이 지닌 놀라운 힘을 믿었기 때문이다.

　20세기 초 영국의 계몽사상가 제임스 알렌은 그의 책 『원인과 결과의 법칙』에서 다음과 같이 말하고 있다.

　"이기적인 사람이 패배를 두려워해 앞으로 나아가려고 하지 않는 상황에서도, 순수한 사람은 두려움 없이 발을 들여놓고 매우 쉽게 승리를 거머쥐는 경우가 많다. 왜 그럴까? 순수한 사람은 언제나 자신의 에너지를 더 올바른 방향으로 사용하기 때문이다."

　순수하고 아름다운 마음을 간절히 품고, 누구에게도 뒤지지 않는 노력을 지속한다면 아무리 어려운 목표도 반드시 실현할 수 있다. 이는 교세라와 다이니덴덴이 성장하고 발전해온 역사가 증명하는 진리라고 믿는다.

생각은 밝게
계획은 꼼꼼하게

새로운 일을 시작하고, 그 일을 성공으로 이끌어가는 사람들은 자신의 일과 미래에 매우 낙관적이다.

'좋은 아이디어가 떠올랐어. 지금은 부족하지만, 필사적으로 노력하면 반드시 성공할 거야. 그러니 다시 시작해볼까?'

이런 낙관적인 사고를 지닌 사람이 성공으로 성큼 다가갈 수 있다.

나는 고난이 훤히 예상되는 새로운 사업을 진행할 때, 일부러 조금은 덜렁거리지만 사기가 넘치는 사람을 채

용한다. 그가 그 분야의 전문가가 아니어도 상관없다. 아니, 그 분야의 전문가가 아니기 때문에 더욱 그가 필요하다. 조금은 단세포적이고 저돌적인 면이 있더라도, "그것 참 흥미로운데요. 어디 한번 해보죠!"라며 긍정적으로 받아들이고, 그 자리에서 당장이라도 소매를 걷어붙일 만한 사람에게 새로운 일의 리더 역할을 맡긴다.

일을 시작하기 전에 상황을 예측하고, 그 일이 가능할지 불가능할지 대략적인 판단을 세운다. 숱한 아이디어들이 쏟아져 나온다. 그때 비관론자들은 금세 앞날을 예측하고 미처 실행해보기도 전에 그 일의 성공 여부를 가늠해 단정지어 버린다. 새로운 아이디어가 떠올라도 "그건 현실적으로 불가능해"라고 말하며 비웃거나 "이익도 없는 일은 하지 맙시다"라고 말하며 지레 포기해버리는 것이다. 비관론자의 의견을 들으면 그럴듯하다. 그들의 말을 들으면 중간에 적지 않은 문제들이 발생해 곤혹스러워질 게 분명하다. 그들의 말처럼 손익을 따지면 처음부터 하지 않는 게 낫다. 그러다 보면 아무리 좋은 아이디어도 묵살되고 만다. 아니, 아이디어를 낼 여지마저 없어진다.

낙관론자는 그 반대다. 일이 어떻게 진행될지 그 전망이 어둡더라도, 어떻게 해서든 추진해 앞으로 나아가려는 강인한 힘이 있다. 그 앞이 아무리 진흙투성이일지라도 개의치 않는다. 오히려 앞에 진흙이 있는 것을 확인했으니 그다음 사람은 조심해서 걷게 된다며 흐뭇해한다. 지나친 낙관론은 문제가 되겠지만, 프로젝트의 구상 단계나 착수 시기에는 낙관론자의 추진력을 높이 사 그들에게 견인 역할을 맡기는 것이 좋다.

그러나 모든 일을 낙관론자에게 맡겨두는 것은 위험하다. 아이디어를 구체적으로 계획하는 단계에 들어서면 비관론자의 도움이 필요하다. 낙관론자는 추진력이 강하지만 때로는 폭주하기도 하고, 잘못된 길로 들어서기도 하기 때문이다. 그래서 진중하고 차분하게 일을 짚어가는 비관론자에게 언제 있을지 모를 리스크를 상정하게끔 하고, 세심하게 주의를 기울여 실질적인 행동 계획을 세워나가도록 하는 게 좋다.

그리고 그 계획을 본격적으로 실행할 때 다시 낙관론자에게 일을 맡긴다. 마음껏, 과감히 꿈을 펼쳐보게끔 길을 터주는 것이다.

"낙관적으로 구상하고, 비관적으로 계획하며, 다시 낙관적으로 실행한다."

이것이 새로운 일에 도전해가는 가장 이상적인 시스템이자, 교세라가 지금껏 단 한 번도 실패하지 않고 신제품 개발을 성공시켜 온 원칙이다.

●

혁신에 이르는
가장 확실한 길

●

'파인세라믹 기술 혁신의 선구자.'

내가 이런 영광스러운 찬사를 받은 이유는 딱 하나다. 파인세라믹에 쏟은 열정이 남들보다 조금 더 강했을 뿐이라고 생각한다.

기술 개발 분야에서 혁신적인 발전을 이루기 위해서는 전문 지식과 축적된 기술뿐만 아니라 일에 대한 강렬한 의지가 없으면 안 된다. 특히 미지의 분야를 개척하려면 '어떻게 해서든 이러한 것을 만들고 말겠다'는 강렬한 의지가 절대적으로 필요하다.

그런 강인한 열망과 의지가 있기 때문에, 미지의 영역에서 어떠한 문제에 부딪쳐도 난관을 극복해 일을 추진하고, 그 결과 상식을 넘어선 획기적인 혁신을 이루는 것이다. 혁신은 마치 암흑처럼 깜깜하고 드넓은 바다를 나침반도 없이 작은 배 하나에 의지해 항해하는 것과 다름없다. 앞도 제대로 보이지 않는 상황에서 진로를 벗어나지 않고 목적지까지 도달하는 데 반드시 필요한 것이 바로 일에 대한 강렬한 열망이다.

등불 하나 없는 깜깜한 밤에는 어떤 방향으로 나아가야 할지 도통 갈피를 잡을 수 없다. 한 발 앞에 낭떠러지가 있을지 알 수 없기 때문에 발을 내딛기가 무섭다.

그러나 두렵다고 해서 몸을 웅크리거나 뒷짐을 진 채 방관하기만 해서는 앞으로 나아갈 수 없다. 아무도 가지 않은 길을 개척하려면 자신의 마음속에 등불을 켜고 과감히 나아가야 한다. 그 마음의 등불과 나침반이 되는 것이 바로 강렬한 염원이다.

교세라는 파인세라믹 업계에서는 기술도 설비도 인재도 충분하지 않은 상황에서 꿈만 안은 채 출발한 후발주자에 불과했다. 그러나 수십 년이 흘러 교세라는 강렬한 의지만 있다면 어떤 불리한 조건에 놓여 있어도 반드시 목적지에 다다를 수 있음을 증명하는 대표적인 사례가 되었다.

물론 획기적인 혁신이 단 1, 2년 만에 쉽게 이루어질 리는 없다. 1, 2년은커녕 10년이 지나고 20년이 지나도 생각했던 목표에 도달하지 못할 수도 있다. 하지만 거기에서 포기한다면 그 어떤 새로운 일도 이루어낼 수 없다. 성공할 때까지 어떤 상황에 직면하더라도 개의치 않고 한 걸음씩 계속 나아가야 한다. 교세라가 파인세라믹 결정 기술을 토대로 개발한 태양전지 비즈니스가 바로 그 좋은 예다. 성공할 때까지 무려 30여 년이 걸렸지만, 지금은 그렇게 힘겹게 개발한 태양전지가 교세라의 주력 사업으로 눈부시게 성장했다.

우직하게 앞을 향해 내딛고 3년, 5년, 10년 동안 착실하게 성과를 쌓아가는 모습이 마치 거북이 같다거나 촌스럽고 비효율적이라고 비웃는 사람도 있을 것이다. 한편, 사소한 노력과 시도를 계속하다 보면 가끔은 '이렇게 아무런 성과도 없이 일하는 게 다 무슨 소용이지?'라는 생각이 들기도 한다. 나는 그런 사람들에게 이렇게 말하고 싶다.

"매일 방심하지 않는 힘과 창의적인 고민이야말로 혁신에 도달하는 가장 분명한 지도이자 성공에 도달하는 가장 확실한 길이다. 그 길이 지금은 안개에 가려 잘 보이지 않겠지만, 다 걷고 난 다음 뒤를 돌아보면 선명하게 눈앞에 펼쳐질 것이다."

실제로 나 자신이 그렇다. 나는 남들이 우러러볼 만큼 학력이 높지도 않고, 남들보다 능력이 뛰어난 것도 아니었다. 단지 내가 하는 일을 좋아하려고 애썼고, 파인세라믹 연구에 뛰어든 뒤에는 어느 순간 정말로 파인세라믹이 너무 좋아져 푹 빠져들었다.

그리고 납품을 의뢰한 회사의 까다로운 요구에 응하고자 끊임없이 노력하고 고민했다. 그로써 교세라를 파인세라믹 분야의 최고 기업으로 성장시켰고, 나 자신도 그 분야의 선구자이자 개척자로 우뚝 섰다. 사람들은 나를 파인세라믹 기술 혁신의 선구자라고 부르지만, 내가 한 것이라고는 '하루하루의 더딘 걸음이야말로 진정한 창조와 성공을 낳는다'는 너무나도 당연한 진리를 믿고 행동으로 옮긴 것이 전부였다.

하루하루 내딛는 걸음은 굼뜨고 어설퍼 보이지만, 그것이 꾸준히 쌓인다면 발전은 무한히 커지고 그 결과 남들이 넘보지 못하던 정상에 우뚝 서게 될 것이다. 내가 그랬고, 교세라가 그랬듯이 말이다.

낙관적으로 구상하고,

비관적으로 계획하며,

다시 낙관적으로 실행한다.

이것이 새로운 일에 도전해가는 최고의 방법이자,

교세라가 지금껏 이어온 신제품 개발 시스템이다.

에필로그

●

내일을 여는
인생 방정식

●

인생과 일을 대하는 나의 가치관을 하나의 방정식으로 나타내면 다음과 같다.

인생과 일 = 능력 × 열의 × 사고방식

나는 중학교 입학시험, 대학교 입학시험, 그리고 취직을 비롯해 여러 가지 일에서 뜻한 바를 제대로 이루지 못했다. 더구나 입사한 회사는 망하기 직전이었고, 아무런 지원도 없는 부서에 홀로 배치되었다. 그 후 처음 세운 회사는 아무도 거들떠보지 않는, 공장의 허름한 창고에서 첫발을 내디뎠다.

능력도 없고, 집안도 가난하고, 하는 일마다 꼬이던 내가 파인세라믹 분야에서 우뚝 선 것은 한 가지 생각을 잊지 않았기 때문이다.

'나처럼 평범한 사람이 인생을 멋지게 살아가려면 지금부터 무엇이 필요한가?'

주위를 보면 일이나 인생에서 성공을 거듭해온 사람도 있지만, 사실 그들보다 많은 이들이 좌절하고 실패의 늪에서 헤어나지 못한다. 나는 늘 그들을 보며 '왜 인생과 일에서 목표한 대로 성공하는 사람이 있는가 하면, 실패하는 사람이 있는 걸까? 거기에는 뭔가 법칙이 있는 게 아닐까?' 하고 생각했다.

이것이 계기가 되었는지, 교세라를 창업하고 얼마 지나지 않아 내 나름대로 '인생과 일 = 능력 × 열의 × 사고방식'이라는 '인생 방정식'을 고안해냈다. 그리고 그 방정식에 따라 일에 전념하고 인생의 길을 걸어왔다. 다행히 그 방정식은 꽤나 잘 들어맞았고, 나는 교세라 직원들 모두에게 이를 알려주고 있다.

보다시피 이 방정식은 인생과 일에서 성공하기 위한 요건으로 '능력', '열의', '사고방식'을 들고 있다.

먼저 '능력'은 선천적인 지능이나 운동신경 또는 건강 등으로, 부모로부터 물려받은 재능을 뜻한다. 우월한 재능을 타고났다면 인생의 출발점부터 큰 자산을 물려받은 것이나 다름없다. 다만 능력은 각각의 의지와 책임과는 상관없이 부모로부터 받은 재능이므로, 개인마다 차이가 있다. 이 능력을 0점부터 100점까지 점수로 매겨보라.

그리고 이 능력에 '열의'를 곱한다. 열의는 다른 말로 '후천적인 노력'이다. 이 역시 의욕이나 패기가 없는 사람부터 일에 대해 타오르는 열정을 지니고 열심히 노력하는 사람까지 그 개인차가 있고, 능력과 마찬가지로 0점부터 100점까지 폭이 넓다.

다만 열의는 자신의 의지로 결정할 수 있다. 나는 선천적인 능력이 부족했던 탓에 열의를 최대한 키우려고 노력했고, 선천적인 재능을 열의로 대신하기 위해 누구에게도 뒤지지 않는 노력을 지속해왔다. 교세라를 창업하고부터 오늘에 이르기까지, '다른 사람의 몇 배에 달하는 노력을 하고 나서야 겨우 평균 수준에 다다랐다'고 생각하며 밤낮없이 일에 집중했다.

예를 들어 건강하고 두뇌도 우수한, 즉 '능력'이 90점인 사람이 있다고 치자. 이 유능한 사람이 자신의 재능을 과신해서 노력하지 않는다면 '열의'는 30점 정도다. 그러면 그 사람의 결과는 2700점이다.

'내 재능은 기껏해야 평균보다 약간 높은 수준이니 능력은 60점 정도일 거다. 하지만 뛰어난 재능이 없는 만큼 그 대신 열심히 노력해보자'라고 열정을 다해 한결같이 노력하는 사람이 있다고 가정해보자. 이 사람의 경우 열의를 90점이라 한다면 점수는 5400점이 된다. 타고난 능력은 대단하지만 후천적인 열의가 부족한 사람에 비해 두 배 뛰어난 것이다. 이 계산은 단순한 예를 소개한 것이지만, 실제로 능력이 보잘것없어도 꾸준한 노력으로 성공을 거둔 사람들이 의외로 많지 않은가.

여기에 '사고방식'을 곱해보라. 나는 성공적인 인생을 살아가기 위한 세 가지 요소 중 가장 중요한 것이 사고방식이라고 생각한다. 예를 들어 고생을 마다하지 않고, 앞으로 잘될 거라고 믿으며 열심히 살아가는 사람은 사고방식이 긍정적이므로 '양의 사고방식'을, 반대로 세상을 탓하고 남을 질투하며 열심히 살기보다는 일확천금을 노리는 사람은 '음의 사고방식'을 지니고 있다고 볼 수 있다. 방정식이 곱셈으로 이루어져 있으므로 '양의 사고방식'을 지녔다면 인생과 일의 결과는 한층 더 높은 플러스 가치를 만들어내고, 반대로 조금이라도 '음의 사고방식'을 지니고 있다면 아무리 능력이 좋고 열의가 높아도 인생이 마이너스 상태에 머물 것이다. 그뿐만 아니라 능력이 높을수록, 그리고 열의가 강하면 강할수록 인생과 일이 안 좋은 방향으로 질주하는 끔찍한 결과를 낳게 된다.

60점의 능력과 90점의 열의를 가진 사람이 90점의 사고방식을 갖고 있다면 방정식의 점수는 무려 48만 6000점이 나온다. 능력과 열의의 수치가 같더라도 사고방식이 조금이라도 부정적이라면, 즉 −1점의 사고방식을 가지고 있다면 방정식의 점수는 −5400점이 되고 만다.

실제로 벤처기업 경영자들 중에는 일반인보다 우수한 능력과 넘치는 열의를 갖고 창업해 회사를 상장시켜 한순간에 거대한 부를 손에 거머쥐었지만, 욕심이 부른 찰나의 실책으로 사회의 지탄을 받으며 사라져간 이들도 적지 않다.

나는 이런 '음의 사고방식'을 고치지 않는 한 아무리 돈을 많이 벌어도 행복한 인생을 살 수 없다고 확신한다. 행복을 만나고 싶다면 다른 무엇보다 사고방식을 바르게 하는 게 우선이다.

90년에 걸친 내 삶을 돌이켜볼 때, 앞선 인생 방정식은 삶을 사는 가장 간단하고도 정확한 진리이자, 더 좋은 인생길을 걷기 위해 항상 생각해야 하는 좌우명이라고 확신한다. 그래서 이 글을 읽는 당신에게도 소개하고 강조하고 싶다. 올바른 사고방식과 강한 열의로, 누구에게도 뒤지지 않는 노력으로, 자신이 가지고 있는 능력을 최대한 살려서 세상에 정면으로 도전하기 바란다. 그런 자세로 일하면 당신의 인생에는 풍요로운 열매가 열리고, 곧 놀라운 세상과 마주하게 될 것이다.

오늘도 습관처럼 출근하는 당신에게 묻는다. 당신은 어떤 일을 하는가? 그 일을 통해 당신은 무엇이 되길 꿈꾸는가? 당신이 꿈꾸는 일과 삶의 미래는 어떠한 모습을 하고 있는가? 미래를 짊어져야 하는 이 땅의 모든 일하는 이들에게 해주고 싶은 조언을 끝으로 이 책을 마칠까 한다.

무슨 일이든 이룰 수 있다고 다짐하라.

모두와 함께 일하고 기쁨을 나누어라.

밝고 긍정적으로 생각하고 행동하라.

다른 사람에게 선의를 베풀어라.

남을 배려하고 자상하게 행동하라.

성실하고, 정직하며, 겸허하게 노력하라.

이기적으로 행동하지 말고 욕심을 버려라.

만족할 줄 아는 마음을 지녀라.

모든 것에 감사하는 마음을 가져라.

옮긴이 **김윤경**

일본어 전문 번역가. 현재 출판번역 에이전시 글로하나를 꾸려 다양한 언어의 도서 리뷰 및 번역 중개 업무도 하고 있다. 역서로『철학은 어떻게 삶의 무기가 되는가』,『왜 리더인가』,『사장의 도리』,『이나모리 가즈오, 그가 논어에서 배운 것들』,『어떻게 나의 일을 찾을 것인가』(근간),『문장 교실』,『63일 침대맡 미술관』,『일을 잘한다는 것』,『초역 다빈치노트』,『뉴타입의 시대』,『로지컬 씽킹』,『일이 인생을 단련한다』,『나는 단순하게 살기로 했다』등 60여 권이 있다.

왜 일하는가

초판 1쇄 발행 2021년 4월 12일
초판 53쇄 발행 2024년 10월 22일

지은이 이나모리 가즈오
옮긴이 김윤경
펴낸이 김선식

부사장 김은영
콘텐츠사업본부장 임보윤
책임편집 성기병 **디자인** 윤유정 **책임마케터** 이고은
콘텐츠사업1팀장 성기병 **콘텐츠사업1팀** 윤유정, 정서린, 문주연, 조은서
마케팅본부장 권장규 **마케팅2팀** 이고은, 배한진, 양지환 **채널팀** 권오권, 지석배
미디어홍보본부장 정명찬 **뉴미디어팀** 김민정, 이지은, 홍수경, 변승주
브랜드관리팀 오수미, 김은지, 이소영, 박장미, 박주현, 서가을
지식교양팀 이수인, 염아라, 석찬미, 김혜원
편집관리팀 조세현, 김호주, 백설희 **저작권팀** 이슬, 윤제희
재무관리팀 하미선, 임혜정, 이슬기, 김주영, 오지수
인사총무팀 강미숙, 김혜진, 황종원
제작관리팀 이소현, 김소영, 김진경, 최완규, 이지우, 박예찬
물류관리팀 김형기, 김선민, 주정훈, 김선진, 한유현, 전태연, 양문현, 이민운

펴낸곳 다산북스 **출판등록** 2005년 12월 23일 제313-2005-00277호
주소 경기도 파주시 회동길 490
전화 02-704-1724 **팩스** 02-703-2219 **이메일** dasanbooks@dasanbooks.com
홈페이지 www.dasan.group **블로그** blog.naver.com/dasan_books
종이 IPP **출력** 민언프린텍 **후가공** 제이오엘앤피 **제본** 국일문화사

ISBN 979-11-306-3703-7(03320)